Unerhört

Anna Fischer-Husemeyer

Unerhört

Briefe an Verantwortungsträger
1997 bis 2017

Bibliografische Information der Deutschen Bibliothek:

Die Deutsche Bibliothek verzeichnet diese Publikation in der Deutschen Nationalbibliographie; detaillierte bibliografische Daten sind im Internet über <http://dnb.ddb.de> abrufbar.

Layout und Gestaltung: Anna Fischer-Husemeyer

Umschlag: Anna Fischer-Husemeyer

Satz und digitale Optimierung: Chris von Gagern (art-transfer.net)

Herstellung und Verlag: BoD - Books on Demand, Norderstedt

ISBN: 978-3-7460-3528-4

Inhaltsverzeichnis

ANHANG

„Wir fordern von den Regierenden nicht genug
Offenheit und Verantwortungsbewusstsein."

Daniel Ellsberg.

Einleitung

Den ersten Brief habe ich 1997 an den damaligen Bundeskanzler Dr. Helmut Kohl geschrieben, damals noch auf einer elektrischen Schreibmaschine. Als ich den Brief wegen eines bestimmten Anlasses begann, merkte ich, dass es viele Dinge in der Politik gab, die ich nicht einfach so hinnehmen wollte und konnte. Meine Empörung musste in eine Form gebracht und adressiert werden. Seitdem sind mehr als 30 Briefe an Verantwortungsträger entstanden.

Ein wichtiger Beweggrund meiner Briefe war meine Sorge um die Zukunft: wohin würde sich das Land entwickeln, wenn die Regierenden so wenig Wille erkennen lassen, das Land zukunftssicher zu gestalten, es anstatt dessen aber dauerhaft schlecht verwalten?

Jetzt, 20 Jahre später, befinden wir uns immer noch in einem Reform- und Investitionsstau. Wir leben mit einer maroden Infrastruktur; die Bildung verliert sich im kleinstaatlichen Gerangel der Länder; den gesellschaftlich relevanten Behörden fehlen sowohl Personal als auch Mittel und das multiple Versagen der Sicherheitsorgane ist offensichtlich lebensgefährlich (NSU, Anis Amri). Soziale Gerechtigkeit? Die Schere zwischen arm und reich ist in den letzten Jahrzehnten so weit auseinander regiert worden, dass die Politiker kaum noch erkennen lassen, dass sie die andere Seite überhaupt wahrnehmen. Das war besonders deutlich im September

2017 im Wahlkampf der Bundeskanzlerin zu sehen. Der zunehmende Mangel an Verantwortungsbewusstsein der politischen Klasse geht einher mit einem besorgniserregenden Verlust an Vertrauen der Bürger in die Exekutive.

Es mag sein, dass nicht alle Sätze in den Briefen politisch korrekt sind und meine Sachkenntnis an vielen Stellen Lücken aufweist, aber ich war häufig so empört und fand vieles so „unerhört", dass ich denke: auch eine Teflonpfanne – wenn sie denn sehr verkrustet ist - muss man zur Not mal mit einem Topfkratzer bearbeiten!

Ich bin natürlich auch belächelt worden wegen meiner „Schreiberei": das bringt doch nichts, das landet im Papierkorb! Ich glaube aber, dass es wichtig wäre, wenn Viele sich die Mühe machten (ja, es ist Arbeit!) und ihre Kritik oder Anregungen formulieren würden. Das ließe sich nicht so leicht ignorieren, und auch eine Kanzlerin müsste mal ihre Erkenntnisblockade aufgeben und anfangen, Pläne und Visionen für die Zukunft zu entwickeln und sie dann auch mal umzusetzen. Sonst werden wir uns aus dem Zustand ganz nahe am Rande eines Entwicklungslandes nicht mehr herausbewegen können

Lediglich alle 4 Jahre ein Kreuz zu machen, reicht offensichtlich nicht aus. Wir sollten also beherzt das Recht auf freie Meinungsäußerung (Paragraph 5, Grundgesetz) wahrnehmen, denn es ist nicht gesichert, dass es dieses Recht zuverlässig bis in alle Ewigkeit geben wird. Die AFD, die im September 2017 drittstärkste Kraft wurde, ist nicht vom Himmel gefallen, und die „Überheblichkeit der Technokratie der Exekutive" (Papst Benedikt) muss aufhören.

Es liegt an uns allen, wohin die Reise gehen wird!

Anna Fischer-Husemeyer
Berlin im Dezember 2017

Briefe an Verantwortungsträger

Herrn
Dr. Helmut Kohl
Bundeskanzleramt
53113 BONN

Berlin, den 19.05.97

Einige Anmerkungen einer besorgten Bundesbürgerin zur „Lage der Nation"

Sehr geehrter Herr Dr. Kohl,

vorgestern abend habe ich an einer kleinen privaten Geburtstagsfeier teilgenommen und während der Gespräche, die sich über den Zustand unseres Staates und unserer Gesellschaft drehten, eine Information erholten, die mich – angesichts unserer finanziellen Situation – sehr erzürnt hat.

Es ging um die Arbeit von sogenannten C4-Professoren einer Forschungsabteilung der FU in Berlin. Eine Freundin von mir arbeitet dort seit etwa eineinhalb Jahren und wunderte sich nach einer gewissen Einarbeitungszeit, daß dort weder wirklich geforscht noch sonstwie effektiv gearbeitet wird. (Es wird – wie sehr häufig – Besitzstand praktiziert!). Sie meinte, dass die C4-Professoren absolut der Meinung seinen, dass es völlig gerechtfertigt sei, dass sie frei über ihre Zeit verfügen können und niemandem Rechenschaft schuldig sind. Ich frage mich, warum eigentlich nicht? Immerhin hat ein solcher Mensch bis etwa zum 30. Lebensjahr die Schule besucht, ein Studium absolviert, unter Umständen ein Stipendium für seine Doktorarbeit bekommen und seine Habilitation erlangt. Zu den wirtschaftlichen Voraussetzungen seiner Karriere haben ihm unzählige unbekannte Steuerzahler verholfen, die jetzt evtl. auch noch arbeitslos geworden sind. Ist das so in Ordnung? Ich meine, dass sich unsere Situation nicht gravierend positiv verändern wird, solange einige Bevölkerungsgruppen in unserem Staat kein Bewusstsein dafür entwickeln, dass ausnahmslos jeder Einschränkungen hinnehmen muss (auch und gerade höhere Beamte)! Die soziale Unruhe wird sich meiner Meinung nach immer mehr verschärfen, und es sieht – trotz angekündigter Reformen und bisher erfolgter bzw. geplanter Sparmaßnahmen – ganz danach aus, dass immer weiter von unten nach oben "umverteilt" wird.

Herr Dr. Kohl, Sie mögen eine gute Außenpolitik machen, für die erschreckenden Versäumnisse und gravierenden Fehler in der Innen- und Wirtschaftspolitik und deren katastrophale Folgen aber sind Sie und Ihre Regierung verantwortlich.

Ich muss gestehen, dass ich noch nie bisher eine so reale Angst vor der Zukunft hatte, und das hat nicht unbedingt nur damit zu tun, dass ich eine von den viereinhalb Millionen Arbeitslosen bin und dass meine Aussichten mit knapp 50 Jahren nicht gerade rosig sind, noch einmal eine gute Stelle als Sekretärin zu bekommen. Immerhin muss ich noch 15 Jahre arbeiten, was allerdings meine bis dahin erlangten Rentenansprüche auch nicht wesentlich attraktiver machen wird (vorausgesetzt, ich finde noch eine Stelle), denn zur Zeit sind es gerade mal 750, 00 DM.

Es ist inzwischen für viele Normalbürger die Regel, dass sie nach einem realistischen Arbeitsleben (mit Unterbrechungen durch Arbeitslosigkeit etc.) als Rentner nicht mehr Geld zur Verfügung haben als ein Sozialhilfeempfänger. Also, wozu das ganze Theater? Für mich hat sich das bestehende Rentensystem zu einer Art „Flugzeugspiel" entwickelt und wäre somit eigentlich verboten! Herr Dr. Kohl, ich weiß, dass ich mit meinen Anschauungen und Befürchtungen absolut nicht alleine dastehe, und deshalb glaube ich, dass ich Sie im Namen vieler Mitbürger ganz dringend um folgendes bitten kann:

– reformieren Sie grundlegend das bestehende Rentensystem (z.B. Grundrente)

– machen Sie das Steuersystem durchgängig gerechter und einfacher

– reformieren Sie das Beamtenrecht (wir leben fast im 21. Jahrhundert!)

– investieren Sie grundsätzlich mehr in die Zukunft (auch technologisch)

Ich bin sehr gerne dazu bereit, Veränderungen mitzutragen, vorausgesetzt, dass sie gerecht sind und wirklich dem Gemeinwohl und dem sozialen Frieden dienen.

Mit freundlichen Grüßen

A. Fischer-Husemeyer

BUNDESKANZLERAMT

Bonn, den 6. Juni 1997
Telefon 02 28 / 56 - 2025
oder   02 28 / 56 0 (Vermittlung)

012 - K 008 048/97/0001
(Bei Antwort bitte angeben)

Frau
A. Fischer-Husemeyer

     Berlin

Sehr geehrte Frau Fischer-Husemeyer,

der Bundeskanzler hat mich gebeten, Ihnen für Ihr freundliches Schreiben vom
19. Mai 1997 zu danken. Ihre Ausführungen sind hier aufmerksam aufgenommen
worden.

Neben seinen vielen Begegnungen mit Menschen aus den unterschiedlichsten
Schichten und Regionen unseres Landes stellen Briefe wie der Ihre für ihn einen
wichtigen Gradmesser für die Wünsche und Erwartungen der Menschen in unserem Land dar. Sie dürfen sicher sein, daß Ihre Anregungen und Sorgen nicht unbeachtet geblieben sind.

Mit freundlichen Grüßen

Peter Bauer

Haus-/Lieferanschrift
Adenauerallee 139-141, 53113 Bonn

Briefanschrift
53106 Bonn

Telex
8 86 750

Telefax
02 28 / 56 23 57

Bundeskanzleramt

Herrn Bundeskanzler Gerhard Schröder

Schlossplatz 1

10178 Berlin

Berlin, 30.07.2000

..........., Düsseldorf, Eisenach, was noch??

Sehr geehrter Herr Bundeskanzler Schröder,

Ganz sicher haben auch Sie heute die Nachricht gehört, dass in Eisenach zwei Menschen - schlimmer, als man es mit Tieren tut - durch die Stadt gejagt wurden.

Wir befinden uns im 20 Jahrhundert, die technische und biologische Entwicklung rast in einer unglaublichen Geschwindigkeit vorwärts: und Mensch bleibt auf der braunen Stufe stehen! Und: auch die rot-grüne Regierung, die ich mir herzhaft gewünscht hatte, traut sich nicht, wirklich etwas daran zu ändern.

Beim Thema „Kampfhunde" sind sich Volk und Regierung ganz schnell einig: es muss ein Gesetz her. Es werden Polizisten eingesetzt und Maulkörbe verordnet. Was aber ist mit diesen nicht beschreiblichen Menschen, die sich an die Ferse von Hitler hängen, (genehmigte!!) Aufmärsche veranstalten, andere Menschen angreifen und wie die Tiere durch die Stadt jagen: wann wird diesen endlich ein entsprechender „Maulkorb" verordnet?!

Ach ja, man könnte evtl. Wählerstimmen verlieren: darum also wird der rechten Ecke mehr Toleranz entgegengebracht als der linken Ecke. Das war schon während der 68er Jahre so – und soll wohl so auch bleiben!??

Dann allerdings werden wir irgendwann nicht mehr die **B**undes**R**epublik **D**eutschland haben, sondern die **B**raune **R**epublik **D**eutschland. Hitler läßt grüßen!

Ich wünschte mir eine Regierung, die sich wirklich traut - unabhängig vom Wählerverhalten - durch notwendige Entscheidungen die grundlegenden Veränderungen herbeizuführen, die diese Gesellschaft schon seit langem braucht: außer der Bewältigung des o. a. Problems eine wirklich gerechte Steuerreform (ohne Ausnahme alle Einkünfte versteuern), Abbau von überflüssigen Subventionen, eine steuerfinanzierte Grundrente (die dann möglich wäre), und ein durchdachtes Einwanderungsgesetz.

Mit freundlichen Grüßen

Anneliese Fischer-Husemeyer

BUNDESKANZLERAMT

11012 Berlin, den 11. August 2000

<u>133 – K – 010 532/90/0002</u>

Frau
Anneliese Fischer-Husemeyer

' Berlin

Sehr geehrte Frau Fischer-Husemeyer,

im Namen des Bundeskanzlers danke ich Ihnen für Ihr Schreiben vom 30. Juli 2000.

Die Bundesregierung lotet zurzeit mit großem Nachdruck alle auch nur entfernt denkbaren Möglichkeiten aus, wie rechtsradikale Gewalttaten besser verhindert und derartige Straftäter schneller verurteilt werden können. Heute beispielsweise hat eine Arbeitsgruppe damit begonnen, die - durchaus schwierigen - Voraussetzungen eines NPD-Verbots zu prüfen. Falsch ist Ihr Eindruck, der „rechten Ecke" werde mehr Toleranz entgegen gebracht als der linken.

Mit freundlichen Grüßen
Im Auftrag

(Dr. Kusch)

Herrn

Bundeskanzler Gerhard Schröder

Bundeskanzleramt

Willy-Brandt-Str. 1

10557 Berlin

Berlin, 19.8. 2001

Nazis in Deutschland im Jahr 2001

Sehr geehrter Herr Bundeskanzler Schröder,

Vor circa einem Jahr habe ich Ihnen schon einmal geschrieben zum gleichen Thema.

Gestern habe ich im Radio wieder mal eine Nachricht gehört, von der mir übel geworden ist:

Eine deutsche Behörde hat eine Veranstaltung der Neonazis genehmigt, eine Gedenkfeier zum Todestag von Hess, dem Stellvertreter von Hitler während der Nazizeit. Dieses fand unter dem Schutz der Polizei statt.

EINE GEDENKFEIER FÜR EINEN MENSCHEN, DER MILLIONEN MENSCHEN AUF DEM GEWISSEN HAT.

Da kann man doch wirklich stolz sein, Deutscher zu sein!!!

Sie erinnern sich an diese unerträgliche, peinliche und völlig überflüssige Diskussion. STOLZ!

Mir ist unbegreiflich, wie auch nur irgend jemand mit Verstand stolz sein kann auf ein Land:

1. in dem Hitler einst möglich war und Millionen Menschen ohne Grund ermordet wurden

2. in dem es heute unerträglich viele Neonazis gibt

3. in dem der Staat Aufmärsche und Kundgebungen von Neonazis zulässt

4. in dem es pro Jahr Tausende von politisch rechtsorientierten Straftaten gibt (Tendenz steigend)

5. in dem die Täter dieser Straftaten relativ milde bestraft werden (überwiegend Bewährungsstrafen nach dem Motto: das hast du doch schon ganz gut gemacht mein Freund, mach mal so weiter, wir tun dir schon nichts! Wenige Ausnahmen in der Rechtssprechung bestätigen diese Regel)

Ich habe gerade von L. Feuchtwanger gelesen: „Die Geschwister Oppermann" und „Erfolg". Beide Bücher haben zum Inhalt die Anfänge und Entwicklung des Nationalsozialismus in Deutschland, und es ist erschreckend, wie viele Parallelen es gibt zur heutigen Zeit.

Denn: wo ist der Unterschied, ob im Jahr 1930 Landsknechte oder im Jahr 2001 Neonazis Menschen auf offener Straße verfolgen und zu Tode prügeln, nur weil sie anders und nicht Deutsche sind!??!

Und wo ist die Politik, die so etwas verhindert?

Darauf hätte ich gerne eine Antwort.

Mit freundlichen Grüßen

Anneliese Fischer-Husemeyer

Leichter Anstieg rechtsextremer Gewalttaten

Innenminister Schily besorgt

BERLIN, 17. August. Die Zahl fremdenfeindlicher und antisemitischer Straftaten sowie der Gewalttaten aus dem rechten Spektrum ist nach Angaben von Bundesinnenminister Otto Schily (SPD) in der ersten Hälfte dieses Jahres leicht gestiegen. Er sehe dies mit Sorge, teilte Schily am Freitag in Berlin mit. Das nach seinen Worten nach wie vor hohe Niveau rechtsextremistischer Straftaten mache deutlich, dass diese mit allen präventiven und repressiven Mitteln bekämpft werden müssten.

Insgesamt wurden von Januar bis Juni dieses Jahres 11 593 politisch motivierte Straftaten erfasst. Mit 7 729 Delikten hatten davon ru. zwei Drittel einen rechten politischen Hintergrund. Weitere 1 785 waren dem linken Spektrum zuzuordnen, 373 dem Bereich politisch motivierter Ausländerkriminalität. Politisch motivierte Gewalttaten wurden 1 017-mal gemeldet. Davon waren 430 rechten und 411 linken Ursprungs. 84 Meldungen entfielen auf den Bereich „politisch motivierte Ausländerkriminalität". Die Aufklärungsquote lag insgesamt bei 39 Prozent, bei den Gewalttaten bei 61 Prozent.

Neue Erfassungsmethode

Der leichte Anstieg ergebe sich im Vergleich zum ersten Halbjahr 2000, teilte das Innenministerium weiter mit. Ein direkter Zahlenvergleich sei wegen einer Änderung der Statistik nicht möglich. Seit 1. Januar 001 würden allgemein politisch motivierte Delikte erfasst und nicht mehr nur extremistische Straftaten, die sich gegen die Verfassung richteten. Nach Ansicht des Bundesinnenministers sorgt die neue Methode für eine präzisere Erfassung des politisch motivierten Kriminalitätsgeschehens. Schily sagte, besondere Sorge bereite ihm auch der leichte Anstieg antisemitischer und fremdenfeindlich motivierter Straftaten. Diese Straftaten, 2 212 insgesamt, zählen zum neu eingeführten Bereich der „Hasskriminalität", der rund ein Drittel der rechten Straftaten ausmacht. *(Reuters, ddp)*

32 192 18/19.8.01

32 Nr. 192 18./19. Aug. 01

Heß-Gedenkmarsch in Wunsiedel genehmigt

MÜNCHEN. Der Bayerische Verwaltungsgerichtshof hat den für Sonnabend angemeldeten Neonazi-Aufmarsch im oberfränkischen Wunsiedel genehmigt. Der Verwaltungsgerichtshof hob damit am Freitag ein Demonstrationsverbot des Bayreuther Verwaltungsgerichtes auf. Eine Gegendemonstration der linken Szene bleibt dagegen verboten. Erstmals seit mehr als zehn Jahren darf die rechte Szene damit wieder in Wunsiedel marschieren. In der Gemeinde liegt der ehemalige Hitler-Stellvertreter Rudolf Heß begraben. Heß beging am 17. August 1987 Selbstmord im Alliierten-Gefängnis Berlin-Spandau. Der Verwaltungsgerichtshof betonte, eine „unmittelbare Gefahr für die öffentliche Sicherheit und C ung" gehe von der angemeldeten Versammlung der Rechten nicht aus. *(ddp)*

Mehr rechtsextreme Gewalttaten an Schulen

50 Vorfälle im letzten Schuljahr / Täter sind meist männlich

Die Gewalt an den Schulen hat im letzten Schuljahr deutlich zugenommen. Die Zahl der registrierten Taten ist um 7,6 Prozent gestiegen, bestätigte die Sprecherin der Schulverwaltung, Rita Hermanns, am Sonntag.

Im Schuljahr 2000/2001 wurden 270 Vorfälle gemeldet, im Jahr zuvor waren es 251 Gewalttaten. Schulsenator Klaus Böger (SPD) äußerte sich vor allem besorgt über den Anstieg von rechtsextremen Vorfällen. Im Schuljahr 1999/2000 wurden 18 Taten mit einem rechtsextremistischen Hintergrund registriert, im vergangenen Jahr waren es 50 Fälle. So hätten Schüler ihren Klassenkameraden Hakenkreuze aufgemalt oder diese mit den Worten beschimpft: „Warum hat man dich nicht vergast?" Zweimal meldeten die Schulen körperliche Gewalt von rechtsextremistisch eingestellten Jugendlichen. Auch antisemitische Äußerungen von Kindern palästinensischer Herkunft („Ich wünsche mir, dass alle Juden sterben") seien in den Schulen registriert worden, sagte Rita Hermanns.

Der Anstieg der rechtsextremen Taten ist nach Ansicht der Schulverwaltung auch in der erhöhten Aufmerksamkeit von Lehrern und Schülern begründet. „Die Taten werden eher gemeldet als in den vergangenen Jahren", sagte Rita Hermanns. „Niemand schaut mehr weg." Außerdem würden die Schüler jetzt schneller bestraft. So seien sie von Wandertagen oder Klassenfahrten ausgeschlossen worden. Auch ein Schulverweis sei in besonders schweren Fällen möglich. Nach Ansicht von Böger hat sich der Einsatz von so genannten Konfliktlotsen bewährt. Als Konfliktlotsen sind Jugendliche tätig, die für diese Aufgabe geschult werden. Sie hätten einen besseren Zugang zu ihren Mitschülern als die Erwachsenen, sagte die Sprecherin der Schulverwaltung.

Zwei Drittel der rechtsextremistischen Taten wurden aus dem Ostteil der Stadt gemeldet – wie in den vergangenen Jahren auch. 67,3 Prozent der Einzeltäter waren männlich und zwischen zwölf und 16 Jahre alt. Nur sieben Prozent der Einzeltäter waren Schülerinnen, die anderen Taten wurden von Gruppen von Schülern begangen. *(cri.)*

Berl. Zeitung, 20. 8. 01

Rechte misshandeln zwei Ausländer in Bayern

MÜNCHEN. Mit Demonstrationen und Gewalttaten haben Rechtsextremisten zum Todestag von Hitler-Stellvertreter Rudolf Heß die Polizei bundesweit in Atem gehalten. Ohne Zwischenfälle verlief am Samstag der erste genehmigte Neonazi-Aufmarsch seit zehn Jahren in Wunsiedel, wo Heß begraben liegt. In Regensburg stachen Neonazis zwei Asylbewerber nieder. *(AP)*

20. 8. 2001   Berlin

BUNDESKANZLERAMT

Berlin, den 27. August 2001
Telefon 01888 / 400 - 0
030 / 40 00 - 0 (Vermittlung)

132 – K –011 041/01/0003
(Geschäftszeichen bei Antwort bitte angeben)

Frau
Anneliese Fischer-Husemeyer

Berlin

Sehr geehrte Frau Fischer-Husemeyer,

vielen Dank für Ihr Schreiben vom 19 August 2001 an Bundeskanzler Gerhard Schröder. Der Bundeskanzler hat mich beauftragt, Ihnen zu antworten.

Es ist verständlich, dass Sie die Veranstaltungen der NPD und anderer rechtsextremer Organisationen ärgerlich finden.

Dennoch bitte ich um Ihr Verständnis, dass weder die Bundesregierung, noch gar der Bundeskanzler persönlich, derartige Aufmärsche verhindern kann.

Die Entscheidung über Maßnahmen nach dem Versammlungsgesetz treffen die Länder in eigener – verfassungsrechtlich zugewiesener – Kompetenz und verantworten diese auch.

Auch ein Abändern von Entscheidungen der Verwaltungsgerichte ist verfassungsrechtlich nicht zulässig und wäre im übrigen auch schädlich, da die Unabhängigkeit der Justiz ein wesentlicher Eckpfeiler der Demokratie ist.

Unabhängig von der Kompetenz der Länder, die im übrigen auch für polizeiliche Einsatzmaßnahmen allein zuständig und verantwortlich sind, gibt es jedoch die Bundeszuständigkeit für das Versammlungswesen. Sicher haben Sie der Bericht-

Haus-/Lieferanschrift
Willy-Brandt-Str. 1, 10557 Berlin

Briefanschrift
11012 Berlin

Telex
8 86 750

Telefax
030 / 40 00 23 57

...

erstattung in den Medien entnommen, dass seit gut einem Jahr eine Debatte um die Verschärfung des Versammlungsrechts läuft. Auslöser hierfür waren Demonstrationen der NPD am Brandenburger Tor, die auch international für erhebliche Irritationen gesorgt haben. Entsprechende Gesetzesanträge sind von einzelnen Ländern in den Bundesrat eingebracht worden. Auch im federführenden Bundesministerium des Innern wird derzeit darüber nachgedacht, inwieweit das Versammlungsrecht sinnvoll ergänzt werden kann. Insbesondere geht es darum, Demonstrationen am zukünftigen Holocaust-Denkmal zu vermeiden. Einzelheiten hierzu stehen noch nicht fest. Anfang Mai hat hierzu eine Expertenanhörung im Bundestag stattgefunden, die derzeit ausgewertet wird.

Die Versammlungsfreiheit ist ein überragendes Grundrecht unserer freiheitlich demokratischen Grundordnung. Ähnlich wie das Recht auf Meinungsfreiheit aus Art. 5 gehört auch das Recht auf Versammlungsfreiheit (Art. 8 Grundgesetz) zu den fundamentalen Grundrechten. Demokratie ohne Meinungs- und Versammlungsfreiheit ist nicht vorstellbar. Andererseits weisen die Grundrechte, aber auch das Versammlungsgesetz selber, Schranken auf. Versammlungen müssen gewaltfrei sein, sie dürfen insbesondere keine Straftatbestände erfüllen (etwa Aufstachelung zum Rassenhass) und die Teilnehmer dürfen nicht uniformiert auftreten. Schließlich hat die Grundrechtsausübung dort ihre Grenzen, wo Grundrechte anderer verletzt werden. Dieses verfassungsrechtliche Spannungsfeld im einzelnen aufzulösen, ist tatsächlich und rechtlich nicht einfach. Dies gilt insbesondere dann, wenn eine Partei, wie die NPD, zu Versammlungen aufruft. Denn auch die Parteien genießen in unserer Demokratie einen besonderen grundrechtlichen Schutz (vgl. Art. 21 Grundgesetz). Dies gilt erst dann nicht mehr, wenn die Verfassungswidrigkeit einer Partei vom Bundesverfassungsgericht festgestellt worden ist. Auch um zu verhindern, dass eine rechtsextremistische und verfassungsfeindliche Partei weiter demokratische Grundrechte missbrauchen kann, hat die Bundesregierung einen Antrag auf Verbot der NPD gestellt.

...

Was jedoch Verschärfungen des Versammlungsrechts angeht, so bitte ich nicht zu vergessen, dass ein übermäßig eingeschränktes Versammlungsrecht seiner Funktion für die Demokratie nicht mehr gerecht werden kann. Dies wird im Gesetzgebungsverfahren zu berücksichtigen sein.

Mit freundlichen Grüßen

Im Auftrag

Stephan Kassel

Bundeskanzleramt

Herrn Bundeskanzler Gerhard Schröder

Willy-Brandt-Str. 1

10557 Berlin

Berlin, 13.09.2003

Anmerkungen zur Politik der Regierung

Sehr geehrter Herr Bundeskanzler Schröder,

ich möchte es jetzt mal ganz deutlich sagen dürfen: es reicht, mir reicht´s, allen reicht´s.

Das Wort „Reform" mag niemand mehr hören, der die Kosten dafür voll und ganz allein tragen soll, und das sind - weil wir uns nicht dagegen wehren können - mal wieder die Pflichtversicherten. (**Reform bedeutet: Verbesserung des Bestehenden!!**)

Ich empfinde inzwischen diese Versicherungsform als einen „Zwang, gegen den ich mich nicht wehren kann". Diese Gesetze waren sicher mal gedacht als eine Grundsicherung gegen Krankheit und Alter für eine breite Bevölkerungsschicht - und das war ja auch gut so.

Inzwischen sieht es allerdings so aus, dass wir „Zwangsversicherten" für fast alle Kosten aufkommen sollen und die sogenannte Umverteilung nur noch ein Witz ist, bzw. ein Flugzeugspiel, und die sind verboten. Umverteilt wird von untern nach oben, und belastet werden die, von denen am wenigsten Widerstand zu erwarten ist, da sie keine wirkliche Lobby haben.

Hierzu meine Fragen:

1. Wann endlich werden auch Beamte, (gut verdienende) Selbständige und die Industrie in die Pflicht genommen?

Es kann sich doch nicht die ganze Bevölkerung zu Beamten, Selbständigen oder Industriellen mutieren um insgesamt weniger Steuern und keine Sozialabgaben zahlen zu müssen? Wenn ja, wo sollen dann die Dummen herkommen, die die Sozialabgaben aufbringen? Ach ja, vielleicht ist ja auch deshalb unser Schulsystem inzwischen so schlecht (Pisa), damit unsere Kids nicht durchblicken, was da auf sie zukommt: wählen, arbeiten (wenn sie denn eine Lehrstelle bekommen) und zahlen!

2. Wann also wird endlich das gesamte Steuer- und Rentensystem grundlegend und vor allem sozial gerecht reformiert und vereinfacht?

Die wirtschaftlichen, sozialen und demographischen Faktoren sind seit Jahrzehnten bekannt (jedenfalls uns Bürgern), und wir wissen seit langem, dass es ohne einen grundlegenden Umbau nicht weitergehen kann.

3. Wann werden endlich unsinnige Subventionen abgebaut?

Warum kann es angesichts aller Probleme noch möglich sein, dass einzelne Gruppen auf Kosten der Allgemeinheit Zuschüsse bekommen? Müssen wir uns wirklich entscheiden, ob jetzt jeder seinen Zahnersatz selber bezahlen muss oder ließen sich die Zähne doch von den sowieso hohen Kassenbeiträgen bezahlen, wenn man die Abschreibungsmöglichkeiten der höheren Einkommensklassen beispielsweise für die Errichtung - sowieso massenhaft leer stehender - Bürogebäude abschaffen würde? Neulich hörte ich im Deutschlandfunk, dass, wenn nur allein in Bayern die Beamten eine Kürzung von Weihnachts- und Urlaubsgeld hinnehmen würden, dadurch soviel Geld frei würde, dass das einen Teil der Krankenkassenprobleme lösen könnte

Geht aber nicht, die Beamten sind bei uns die heiligen Kühe unseres Staates: unflexibel, ohne Leistungsorientierung, ohne persönliche Verantwortung, trotzdem werden sie reichlich durchgefüttert! In der freien Wirtschaft hätten sie damit kaum eine Chance zu existieren.

4. Wann endlich wird das gesamte Bildungssystem und die Ausbildung von Jugendlichen wieder ernstgenommen, die ja unsere Zukunft darstellen?

Wenn in der Richtung nicht langsam ernsthaft etwas passiert, dann sind wir in kurzer Zeit - nicht nur wirtschaftlich - ein Entwicklungsland. Hat man sich mal damit beschäftigt, warum in der DDR mehr Kinder geboren wurden und mehr Frauen berufstätig waren und dass sich das mit der Vereinigung schlagartig geändert hat? Herr Sarrazin hat doch letztens ein Statement abgegeben - ein exemplarischer Ausdruck für die momentane politische Kultur und damit reichlich kompatibel mit den Berlusconis dieser Welt.

Zynismus nennt man das und hat nichts mit verantwortungsbewusster Politik zu tun, Herr Schröder.

5. Wann endlich wird unsere Gesetzgebung reformiert?

Warum müssen wir eines der Länder der Welt sein mit den meisten Gesetzen?

Geht es uns damit wirklich besser als anderen Ländern mit weniger Gesetzen? Die Realität sieht anders aus!

6. Wann hören die Parteien endlich auf, sich gegenseitig zu behindern auf Kosten der Zukunft unseres Staates?

Die Politik der Parteien äußert sich überwiegend dadurch, dass man sich gegenseitig die Schuld für Versäumnisse vorwirft. Das ist ein unverzeihlicher Luxus, den sich alle Parteien in unserem Lande seit Jahrzehnten und immer noch erlauben und der den Hauptgrund für unsere momentane wirtschaftliche Situation darstellt. Die Debatten während der letzten Tage im Bundestag bestätigen, dass ein gemeinsamer Wille aller Parteien, die Zukunft unseres Landes zu gestalten, ernsthaft nicht vorhanden ist.

Vielleicht sind die Gründe dafür darin zu suchen, dass Politiker:

1. keine Verantwortung übernehmen müssen für das, was sie im Laufe ihrer Amtszeit abliefern.

In der Presseschau im Deutschlandfunk gab es einen Kommentar von einer Zeitung: „für das, was Eichel jetzt abgeliefert hat, würde ein Unternehmer wahrscheinlich im Knast landen". Warum also kann die Regierung das ungestraft vorlegen? Gut, Sie müssen damit rechnen, dass Sie abgewählt werden (aber mit der Pension lässt sich ja gut in der Toskana leben). Aber es gibt ja leider noch uns, die Bürger, die hier weiterleben müssen und die sich seit Jahren wünschen, dass dieser marode Laden mal gründlich renoviert wird, und es gibt weit und breit keine alternative Partei, die ernsthaft daran arbeitet, diesen Wunsch der Bürger umzusetzen.

2. von allen ihren Ämtern eine komplette Pension ansammeln können, egal, was sie während ihrer Zeit geleistet, bzw. nicht geleistet haben.

Ich müsste z. B. 445 Jahre arbeiten, damit ich im Alter so eine Pension erhalte, wie sie Eichel jetzt schon sicher ist, auch wenn er uns nichts weiter gebracht hat als die Nichterreichung der Maastrichtkriterien, neue Schulden und weitere Belastungen für uns Zwangsversicherten. Ich kann kaum ausdrücken, wie **wir alle** das finden

7. Thema „Verantwortung":

Warum brauchen wir solche inkompetenten Politiker, für die das Wort **Verantwortung** zu einer Sprache gehört, von der sie noch nie gehört haben, für die allerdings das Wort „Selbstverantwortung für die Bürger" sehr groß geschrieben wird? Warum machen wir das ganze Theater mit? Bekommt jedes Land wirklich immer die Regierung, die es verdient hat? Dann sieht es finster aus, dann habe ich schlechte Karten, dann weiß ich nicht mehr, was ich tun soll oder wohin ich gehen soll!.

Im Jahre 1997 habe ich an den damaligen Kanzler Dr. Kohl geschrieben,

dass ich Reformen beim Beamtenrecht und beim Steuer- und Rentensystem fordere und gerne bereit bin, die notwendigen Veränderungen mitzutragen, vorausgesetzt, dass die Maßnahmen gerecht verteilt sind und dem Gemeinwohl und dem sozialen Frieden dienen.

Im Jahr 2000 habe ich an Sie geschrieben:

„Ich wünschte mir eine Regierung, die sich wirklich traut - **unabhängig vom Wählerverhalten** - durch notwendige Entscheidungen die grundlegenden Veränderungen herbeizuführen, die diese Gesellschaft schon seit langem braucht: eine wirklich gerechte Steuerreform (ohne Ausnahme alle Einkünfte versteuern), Abbau von überflüssigen Subventionen, eine steuerfinanzierte Grundrente (die dann möglich wäre), und ein durchdachtes Einwanderungsgesetz."

Jetzt, heute, ein letzter Versuch daran zu erinnern, dass Sie über den momentanen Zustand erkannter notwendiger Reformen noch nicht hinausgekommen sind und dass Sie und Ihre Regierung das dringend ändern sollten. Wir haben Sie deshalb gewählt, und Sie haben die Pflicht und die Verantwortung, die Zukunft nicht nur bis 2006 zu sehen:

Ich sehe die BRD als ein gemeinsames Haus, in dem wir Bürger alle leben müssen. Dieses Haus ist durch die Unterlassungen der Hausbesitzer (Regierungen) der letzten Jahre insgesamt in einem miserablen Zustand, und das Dach ist undicht. Es wird also erst einmal ein Dachdecker bestellt, der nach der vollendeten Arbeit sagt, so Gerhard, das wird jetzt höchstens bis 2006 halten.

Jetzt mal ernsthaft, Gerhard, was würden Sie einem Dachdecker sagen, der gerade das Dach auf Ihrem Haus in Hannover repariert hat und sagt, dass es ab 2006 wieder durchregnen wird? Ich glaube, ich dürfte das jetzt hier nicht wörtlich und in aller Deutlichkeit wiedergeben.

Mit freundlichen Grüßen

Anneliese Fischer-Husemeyer

Herrn
Dr. Josef Ackermann
Deutsche Bank AG
Taunusanlage 12
60262 Frankfurt am Main

Berlin, 13. November 2006

Statement

Sehr geehrter Herr Dr. Ackermann,

zunächst möchte ich Ihnen herzlich gratulieren zu Ihren großartigen Erfolgen: schneller höher, weiter - die Steigerungen Ihres Umsatzes sind wirklich beeindruckend, 10, 20, 30 ..... Prozent pro Jahr, und so wird es sicher weitergehen.

Sie sind zufrieden, die Aktionäre sind zufrieden, die Politiker sind zufrieden – was gilt da schon die Meinung vieler Millionen Menschen, die „da draußen" in diesem Lande leben und durch die Roste dieser globalen Gewinnmaximierungs-Maschine fallen, wen interessieren diese Kollateralschäden schon.....

Arbeitslose, Alte, Kranke? Darum hat sich doch der Staat und die Gesellschaft zu kümmern, bzw. sie sollen sich selbst kümmern, sollen gefälligst mehr Eigenverantwortung übernehmen. Gewinne werden privatisiert, Verluste selbstverständlich sozialisiert.

Es ist verständlich, dass Sie sich nicht um Einzelschicksale kümmern können, es sind eben zu viele. Sie haben genug damit zu tun, das Kapital, das irgendwann durch die ARBEIT eben dieser vielen einzelnen Menschen erlangt wurde, zu maximieren. Dafür werden Sie ja auch leistungsgerecht bezahlt. Ich finde es angemessen, dafür pro Monat eine Millionen Euro zu erhalten. Immerhin haben Sie in Amerika gelernt, wie Manager dort entlohnt werden. Eventuell ist es Ihnen entgangen, dass dort ein Manager für gravierende Fehler, die er macht, persönlich zur Verantwortung gezogen werden kann. Gut, dass muss Sie ja nicht interessieren, da Sie ja keine Fehler gemacht haben. Gewinnmaximierung (wenn auch durch die Entlassung tausender Arbeitnehmer) ist die Maxime der vereinigten globalen Kapitalisten.

Ich finde es wirklich richtig, dass die Managergehälter im Schnitt um 30 Prozent gestiegen und die Gehälter der Lohnabhängigen entsprechend gesunken sind. Es kann ja nur bedeuten, dass die Leute, die (noch) Arbeit haben, nichts leisten und dass die Manager aber ganz viel leisten; daher sind auch die Abfindungen in Millionenhöhe verständlich. Leistung muss selbstverständlich honoriert werden!

Normal zu arbeiten und dadurch Kapital für den Unternehmer zu erwirtschaften, gilt natürlich nicht als Leistung: auch nach einem langen Arbeitsleben haben die meisten normalverdienenden Menschen in den Industrienationen keine Rente, von der sie wirklich angemessen leben können. Um eine Rente wie zum Beispiel Hans Eichel zu bekommen, müsste man 445 Jahre arbeiten. Nun, die Menschen werden älter und schaffen es vielleicht irgendwann mit Hilfe der Medizin so alt zu werden und so lange zu arbeiten, dass sie nach 445 Arbeitsjahren dann von der Rente anständig leben können.

Demgegenüber schaffen es allerdings weder Wirtschaft noch Politik, genügend Arbeitsplätze zu schaffen. Auch die Investitionen in Bildung und Ausbildung und dadurch in die Zukunft interessieren wenig, bleiben seit Jahren Lippenbekenntnisse. Dem Internet konnte ich entnehmen, dass Sie Probleme haben, entsprechende Nachwuchskräfte zu bekommen. (Im Vorfeld wurden allerdings Tausende von Mitarbeitern der Deutschen Bank und der mit ihr verschmolzenen Institute „freigesetzt"). Warum investieren Sie nicht einfach in das deutsche Bildungssystem, *sponsored by* Deutsche Bank? Das wäre doch mal ein Anfang und ein gutes Image?

Überhaupt: Politik und Wirtschaft. Es soll ja noch Menschen geben die glauben, dass wir von den Politikern, die wir alle vier Jahre wählen, regiert werden. (Nebenbei ein Satz von Herbert Wehner: die Menschen wählen alle 4 Jahre eine Regierung, die etwas gegen sie unternimmt, wogegen sie sich nicht wehren können!). Nun, inzwischen ist es die globalisierte Industrie-Mafia, die uns regiert, die Politiker sind nur noch Marionetten auf der Bühne; es ist von den genannten Beteiligten gewollt, dass die viel zitierte Schere zwischen Arm und Reich soweit „auseinander regiert" wurde, dass sie irgendwann ganz auseinander fallen wird. Was danach? Hohe Mauern, Stacheldraht und Wachleute um jede Villa, nicht zu vergessen die gepanzerte Limousine vor dem Haus! Schöne Zukunft!

Es würde mich nicht wundern bei der Entwicklung des gegenseitigen „Fressens" der global agierenden Unternehmen, dass irgendwann nur noch einige Riesenunternehmen übrig bleiben, die dann jeweils die Länder der Erde unter sich aufteilen. Schöne neue Welt!!

Ich glaube übrigens nicht, dass Sie verurteilt werden; dass ist ein Scheinprozess, der uns glauben machen soll, dass die Gerichtsbarkeit noch völlig unabhängig ist. Schon in Ihrem ersten Prozess haben Sie mit Ihrem *Victory*-Zeichen den Eindruck gemacht, dass Ihnen keiner wirklich etwas anhaben kann.

Was ich sagen möchte ist:

Für mich sind Sie die Personifizierung der Globalisierung des Kapitalismus, an der ein kleiner Teil der Menschen Unmengen verdient und die daran interessiert sind, dass der größte Teil der Menschen am Existenzminimum (k)leben bleibt. Die Voraussetzungen und Bezeichnungen haben sich im Laufe der Jahrhunderte geändert, die Grundformel nicht: die Ausbeuter leben von den Ausgebeuteten (und die haben - wie immer - keine Lobby!).

Haben Sie übrigens eine winzige Ahnung davon, wie jemand von 345 Euro (Hartz IV) im Monat leben kann? (Für das Geld könnten Sie sich noch nicht einmal ein Paar handgenähte Schuhe kaufen, die ich eigentlich jedem Menschen wünschen würde!)

Kennen Sie den Spruch in der Bibel: „Wer viel mehr zum Leben hat als er braucht, ist ein Dieb?". Diese Art Diebe teilen zur Zeit die Welt komplett unter sich auf.

Vielen Dank für Ihre Aufmerksamkeit.

Mit einem erfrischenden Gruß

Anneliese Fischer-Husemeyer

Frau
Dr. Angela Merkel
Bundeskanzleramt
Willy-Brandt-Str. 1
10557 Berlin

Berlin, 19.08.2007

Parteienfinanzierung*

Sehr geehrte Frau Dr. Merkel,

wenn die Parteien Mitglieder verlieren, dann hat das damit zu tun, dass die Mitglieder mit der praktizierten Politik der Parteien nicht zufrieden sind.

Wie kommt die Regierung dann dazu, von den Steuergeldern aller Bürger, auch wenn sie in keiner Partei Mitglied sind, Steuergelder abzuzweigen für den Verlust der Beiträge der ausgetretenen Mitglieder? Für mich wäre das ein Tatbestand von Veruntreuung von Steuergeldern. Wenn es bei mir nicht so läuft, kann ich auch nicht meinem „Nachbarn die Taschen ausrauben", jedenfalls nicht ungestraft.

Ich möchte noch darauf hinweisen, dass es jedes Mal, wenn es um die Finanzierung von Kindergartenplätzen, Gelder für die schulische und hochschulische Bildung geht (also um die Zukunft unserer Gesellschaft) monatelange Diskussionen um die Finanzierung gibt. Da ist dann immer kein Geld vorhanden.

---

* Der Tagesspiegel berichtete am 19.08.2007 unter Berufung auf eine Meldung der Bildzeitung, dass die große Koalition aus CDU/CSU und SPD die Parteienfinanzierung aus Steuermitteln von 133 Mio. Euro auf 153 Mio. Euro anheben will. Das entspricht einer Steigerung um 15%. Nach der bis dahin geltenden Praxis, d.h. der Anhebung um die Inflationsrate, wäre die Erhöhung mit 5,9% deutlich geringer ausgefallen.
Am 20.08.2007 berichtete der Tagesspiegel, dass die Parteien nach wachsender öffentlicher Empörung die Änderungspläne fallen gelassen hätten.

In einem Brief 2003 an den damaligen Kanzler Schröder habe ich angefragt, wann endlich das gesamte Steuer- und Rentensystem grundlegend und vor allem sozial gerecht reformiert und vereinfacht wird, wann endlich unsinnige Subventionen abgebaut werden und wann endlich die Parteien aufhören sich gegenseitig zu behindern auf Kosten der Zukunft des Staates und der Bürger.

Im Gegenteil, inzwischen wurden die Unternehmer entlastet trotz steigender Gewinne und die Arbeitnehmer belastet trotz sinkender Einkommen und steigender Preise.

Liebe Frau Merkel, haben Sie auch konkrete Lösungen für die vielen Probleme in der Innenpolitik parat? Ihre Erfolge in der Außenpolitik sind hinlänglich bekannt.

Mit freundlichen Grüßen

A. Fischer-Husemeyer

012 - K 008 610/07/0001
(Bei Antwort bitte angeben)

Frau
Anneliese Fischer-Husemeyer

. . . . . . Berlin

Sehr geehrte Frau Fischer-Husemeyer,

Bundeskanzlerin Dr. Angela Merkel hat mich gebeten, Ihnen für Ihr Schreiben vom 19. August 2007 zu danken.

Ihre kritischen Ausführungen zur Parteienfinanzierung wurden hier aufmerksam zur Kenntnis genommen. Für die Bundeskanzlerin sind Zuschriften, wie Ihre, wertvolle Orientierungshilfen.

Hinsichtlich Ihrer Forderung, das Rentensystem sozial gerecht zu reformieren, möchte ich Folgendes bemerken:

Die gesetzliche Rentenversicherung steht angesichts der sich wandelnden demografischen, aber auch ökonomischen und gesellschaftlichen Rahmenbedingungen vor großen Herausforderungen. Durch die Rentenreformen der vergangenen Jahre hat der Gesetzgeber auf diese Herausforderungen reagiert. Es wurden die Grundlagen für eine generationengerechte Rente sowie die breite staatliche Förderung der zusätzlichen Altersvorsorge geschaffen. Zuletzt haben wir im vergangenen Jahr die Regelaltersgrenze in der gesetzlichen Rentenversicherung von 65 auf 67 Jahre angehoben. Die Anhebung wird schrittweise ab 2012 erfolgen. Sie ist eine wichtige rentenpolitische Maßnahme, um die gesetzlichen Beitragssatz- und Niveausicherungsziele einhalten zu können.

Mit freundlichen Grüßen

Armin Heppner

Haus-/Lieferanschrift
Willy-Brandt-Straße 1, 10557 Berlin

Briefanschrift
11012 Berlin

Telex
302 360 bkb

Telefax
01888 / 400 - 23 57

Von: Anna Fischer-Husemeyer
Gesendet per E-mail: 05. Oktober 2008, 18:25
An: info@hyporealestate.de

Betreff: Bankenkrise

Sehr geehrter Herr Funke,

ich stehe ganz und gar nicht alleine da mit meiner Meinung, dass es ein Unding ist, dass der Ausgleich für die Milliardendefizite Ihrer Bank hauptsächlich auf die Steuerzahler abgewälzt werden soll, auch wenn es die einzige Möglichkeit ist, größeren Schaden zu verhindern. Erklären Sie mir bitte, warum jedes neugeborene Baby, jedes Kind und jeder erwachsene Bürger mit Schulden in Höhe von etwa 350 € belastet werden soll; warum sollen sie diese Belastung übernehmen? Wo sind denn die Milliardengewinne geblieben, die Ihre Bank in den wenigen Jahren Ihrer Existenz auf dem Markt (und das mit zum Teil faulen Krediten) eingefahren hat? Ist Ihnen eigentlich klar, dass bei Fälligwerden der Bürgschaft des Staates Einsparungen an anderer Stelle der Staatsausgaben erfolgen müssen: Kindergarten, Schule, Bildung.., also alles Bereiche, die die Zukunft unseres Staates darstellen?

Wo bleibt Ihre persönliche Verantwortung? Dieses weit verbreitete ignorante und unverantwortliche Verhalten von Menschen in Spitzenpositionen gefährdet in letzter Konsequenz die Stabilität des Staates und dadurch die Demokratie. Ich fände es normal – angesichts der Millionengehälter der Vorstände der Banken –, dass es eine persönliche Haftung gäbe, und ich hoffe sehr, dass es zu einem solchen Gesetz kommt.

Es kann und darf einfach nicht so weitergehen, dass Gewinne immer privatisiert und Verluste ausschließlich sozialisiert werden.

Zu meiner Person: ich bin 60 Jahre alt, z.Zt. arbeitslos, meine Rentenerwartung ist ca. 600 €. Jetzt werden Sie sicher sagen: aha, Sozialneid! Nein, mir geht es gut. Es geht mir nur darum, dass die Menschen die mit viel fremdem Geld umgehen, damit genauso verantwortlich umgehen und bei Fehlverhalten haften sollten wie es jeder normale Bürger an seiner eigenen persönlichen Stelle in diesem Staat tut und dass es keine Unterschiede in der Beurteilung von Verantwortung geben sollte.

Mit freundlichen Grüßen

Anna Fischer-Husemeyer

Frau
Dr. Angela Merkel
Bundeskanzleramt
Willy Brandt Str. 1
10557 Berlin

Dienstag, 7. Oktober 2008

Sehr geehrte Frau Dr. Angela Merkel,

Sie werben um Vertrauen bei den Bürgern. Frage: woher soll eigentlich das Vertrauen in den Staat kommen? Seit einem Jahr ist bekannt, dass im Bankenwesen etwas faul ist – aber bis vor kurzem wurde das Problem bei den sogenannten Verantwortungsträgern an allen Fronten und in allen Medien verharmlost.

Jede normale Hausfrau in diesem Land merkt, wenn das Budget knapp wird; sie wird dann sparsam mit dem Vorhandenen umgehen und nicht warten, bis das Kind in den Brunnen gefallen ist.

Es ist unverantwortlich, dass an so sensiblen Stellen wie in Vorständen und Aufsichtsräten der öffentlichen Banken offensichtlich kaum Menschen mit Sachkompetenz und Verantwortungsbewusstsein sitzen. Werden diese Posten verlost oder nur nach Parteizugehörigkeit vergeben oder weil man diese Menschen woanders nicht mehr einsetzen kann? Gibt es nirgendwo Fachleute?

Wir als Bürger sollten eigentlich erwarten dürfen und darauf vertrauen können,dass an wichtigen strategischen Stellen kompetente und verantwortungsbewusste Fachleute sitzen. Oder würden Sie gerne mit einem Hochgeschwindigkeitszug fahren, der von jemandem gesteuert wird, der als Qualifikationsnachweis gerade mal einen Führerschein Klasse III und evtl. einen Parteiausweis vorzuweisen hat? Ich nehme an, Frau Dr. Merkel, dass Sie nicht gerne in diesen Zug steigen würden.

Aber wir Bürger sitzen jetzt in diesem Zug und schauen mit offenen Augen und offenen Mündern zu, wie er von Dilettanten an die Wand gefahren wird. Jeder Handwerker muss von seinem Handwerk etwas verstehen und viele Auflagen berücksichtigen, wenn er leben will. Außerdem zahlt er viele Steuern (die von Dilettanten verwaltet werden) und haftet mit seinem persönlichen Vermögen.

Wo bleibt eigentlich die persönliche Verantwortung und Haftung von den Menschen, die diese Krise mitverursacht haben? Erklären Sie mir das bitte! Es muss außerdem reichlich Menschen geben, die bisher an dieser Krise verdient haben. Was ist mit denen?

Gerade höre ich in den Medien, dass Herr Funke von seinem Posten zurückgetreten ist: man wird ihn sicher in Zukunft auf dem Golfplatz antreffen, wo er in Ruhe seine Pension genießen wird. So sieht bei uns Verantwortung aus?!

Mit freundlichen Grüßen

Anna Fischer-Husemeyer

Frau
Dr. Angela Merkel
Bundeskanzleramt
Willy-Brandt-Str. 1
10557 Berlin

Berlin, 2. April 2009

Anmerkungen einer Bürgerin

Sehr geehrte Frau Dr. Merkel,

am 16.02.2009 sagte der Historiker Christian Meier während eines Gesprächs mit der Süddeutschen Zeitung anlässlich seines 80. Geburtstages über Demokratie: „Bin ich ein Auslaufmodell, dass ich nach der Zukunft frage"?

Es sieht ganz so aus, man braucht sich nur die Zeitrahmen der Politiker anzuschauen, es gilt das 4-Jahresmodell: was mache ich, bzw. was unterlasse ich, damit ich wiedergewählt werde. Darum geht es hauptsächlich! Egal um was es geht, es gibt keine längerfristigen Planungen. Reformen? Gibt es nicht! Es wird auf Teufel komm raus geflickt!

Außerdem sagte Christian Meier während eines Interviews im Deutschlandfunk über den Zustand der Demokratie: „...auch wenn wir alle vier Jahre wählen, wir haben nichts zu sagen und die Regierenden wollen auch nichts hören. Sie machen was sie wollen, wenn sie sich nicht gerade gegenseitig auf die Füße treten".

Mit anderen Worten, es ändert sich nichts, ob wir wählen, oder nicht; es spielt keine Rolle mehr, wen wir wählen, da es kaum noch Unterschiede gibt und wir lediglich Zuschauer der Sandkastenspiele der Parteien sind. Man könnte fast sagen, dass die Parteien eine Parallelgesellschaft bilden (vor allem die sogenannten „Volksparteien" – hinter denen eigentlich gar kein Volk mehr steht und sie dadurch kaum noch die Legitimation haben sich so zu nennen!). Sie sind hauptsächlich mit sich selbst beschäftigt, sie sprechen unsere Sprache nicht, wollen sie auch nicht lernen; wir sind eben „das Volk da draußen", wie es Kohl einmal gesagt hat.

Ich habe vor vier Jahren so gewählt, dass wir eine große Koalition bekommen haben. Ich war zunächst froh darüber, weil ich dachte, dann müssen beide Parteien endlich gemeinsam die wichtigen Probleme angehen, Sachpolitik machen, Reformen anpacken, Sozialsysteme, Bildung etc. Ich hatte die Parteiquerelen und die Folgen davon, dass nämlich die notwendigen Reformen nicht wirklich grundlegend in Angriff genommen wurden, gründlich satt. Und jetzt?

Reformen: vor der letzten Wahl versprochen, wurden nicht in Angriff genommen: es traut sich niemand!!!

Bildung: wir sind zur Kleinstaaterei zurückgekehrt, in dem jeder kleine Fürst seine eigenen Regeln hat, das ist wirklich Fortschritt und bringt uns sicher ganz weit nach vorne! Siehe Pisa!

Finanzkrise: Gewinne werden privatisiert, Verluste werden wie immer sozialisiert. Warum zahlen diejenigen nicht, die dafür verantwortlich sind? **Wir zahlen nicht für eure Krise!!** Das jedenfalls war der Tenor bei der letzten großen Demonstration in Berlin.

Managergehälter: Unerträglich und unanständig! Anfang der 80er Jahre 40x jetzt 400x soviel wie ein Arbeitnehmer: die Millionen-Boni sollen „Anreiz zur Leistung" sein. Fragen Sie mal eine Friseuse oder Krankenschwester, wie sie das findet!

Börsengang Bahn: Die Bürger werden wie immer nicht gefragt – sie wollen den Börsengang nicht, weil sie wissen, was in anderen Ländern dabei herausgekommen ist

Mehdorn: es war lange überfällig, dass er geht

Vertrauen: bitte nennen Sie mir konkrete Gründe, worauf unser Vertrauen noch basieren soll. Wir haben keine Mitbestimmungsrechte, dürfen zuschauen beim Abstieg und auch darunter leiden, und natürlich die Zeche bezahlen.

Vielleicht interessiert es Sie, dass ich schon **vor 9 Jahren** (2000) an den damaligen Kanzler Schröder geschrieben habe:

Ich wünschte mir eine Regierung, die sich wirklich traut - unabhängig vom Wählerverhalten - durch notwendige Entscheidungen die grundlegenden Veränderungen herbeizuführen, die diese Gesellschaft schon seit langem braucht: eine wirklich gerechte Steuerreform (ohne Ausnahme alle Einkünfte versteuern), Abbau von überflüssigen Subventionen, eine steuerfinanzierte Grundrente (die dann möglich wäre), und ein durchdachtes Einwanderungsgesetz.

Aber wen interessiert schon die Meinung einer einzelnen Bürgerin. Sie sollten sich allerdings vergegenwärtigen, dass ich nicht alleine bin und dass es Millionen in diesem Lande gibt, die so denken und auch nicht wissen, ob es in diesem Land noch jemanden gibt, dem sie ihr Vertrauen schenken und bei den anstehenden Wahlen ihre Stimme geben können.

Mit freundlichen Grüßen

Anneliese Fischer-Husemeyer

Anlage: Kopie eines Briefes an Josef Ackerman von 2006
  Kopie einer Mail an den Vorsitzenden der HRE, Georg Funke

Herrn
Dr. Philipp Rösler
Bundesgesundheitsministerium
Friedrichstr. 108
10117 Berlin

Berlin, 13. Juli 2010

Anmerkungen zur sogenannten „Gesundheitsreform"

Sehr geehrter Herr Dr. Rösler,

ich weiß ja nicht, ob Sie und Ihre Kollegen im Parlament sich mal darüber informiert haben, wie die Gesundheitssysteme in unseren europäischen Nachbarländern funktionieren?! Nicht nur ich weiß - sondern auch viele andere Bürger wissen - dass die Medikamente in fast allen Ländern (außer 2 Ländern) durchgehend sehr viel billiger sind als in Deutschland und dadurch die Beiträge der Versicherten niedriger sind als bei uns.

Woran liegt es, dass die Medikamente bei uns so teuer und dadurch die Gesundheitskosten so hoch sind?

Die verantwortlichen **Politiker haben kein großes Interesse** daran, der Pharmaindustrie ernsthaft und dauerhaft zu Gunsten der Versicherten Grenzen zu setzten, da etliche Politiker selber in den Aufsichtsräten dieser Industrie sitzen...

Sollte es **Politiker in Deutschland** geben, die sich nicht in den Aufsichtsräten tummeln, sind sie zu schwach, um sich gegen die starke Lobby der Pharmaindustrie durchzusetzen. Also holt man sich die fehlenden Milliarden von denjenigen, die noch schwächer sind, da sie überhaupt keine Lobby haben und sich nicht wehren können: von den Versicherten.

Wissen Sie eigentlich, warum ich als engagierte Bürgerin seit vielen Jahren den sogenannten Verantwortungsträgern in der Politik (Kohl, Schröder, Merkel etc.) schreibe und grundlegende Reformen bei Steuern, Bildung, Gesundheit etc. fordere?

Weil ich meinen Enkeln auf die Frage, warum wir das Land haben gegen die Wand fahren lassen (Schuldenlast, Bildung, Gesundheit etc. ..), wenigstens die Kopien meiner Briefe vorlegen und Ihnen belegen kann, dass das Volk nicht gehört worden ist und die Politiker sich ausnahmslos überwiegend in parteipolitischen Sandkästen ausgetobt haben. Letztes Beispiel dafür war die Wahl des Bundespräsidenten.

Ich wünsche mir Politiker, die mit VERSTAND und WEITSICHT Entscheidungen treffen und nicht nur auf die Umfragebarometer reagieren und die nächste Wahl anpeilen.

Mit freundlichen Grüßen

A. Fischer-Husemeyer

Herrn
Rainer Brüderle
FDP Bundestagsfraktion
Platz der Republik
11011 Berlin

Berlin, 30. Juli 2010

Anmerkungen zum Thema ausländische Fachkräfte

Sehr geehrter Herr Brüderle,

ich weiß ja nicht, ob Sie und Ihre Kollegen im Parlament sich darüber im klaren sind und sich ausführlich darüber informiert haben, warum es notwendig sein soll, ausländische Fachkräfte ins Land zu holen?!

Als engagierte Bürgerin, habe einige Antworten darauf:

Unsere großen oder auch mittelgroßen Firmen (AG´s) bilden zu wenig Fachkräfte aus. Warum? Weil Ausbildung Geld kostet und man die Gewinne lieber den Aktionären gibt!

Weil es inzwischen in Deutschland so ist, dass jeder 10. Schüler ohne Abschluss die Schule verlässt und auch ein anderer Teil der Schüler, die die Schule abschließt, nicht die Grundbedingungen erfüllt, um eine Lehre machen zu können.   Das sind Tatsachen, die seit vielen vielen Jahren – jedenfalls mir – bekannt sind!

Das Grundproblem ist, dass wir hier in Deutschland lieber in die Sozialhilfe investieren als in die Bildung. Beispiele gibt es ohne Ende. Man versucht, am **Ende zu retten**, was am **Anfang versäumt** worden ist, und das ist in der Regel sehr viel teurer.

Genau das sagt Ihr Vorschlag aus: wir haben nicht in die Bildung investiert, wir haben nicht ausgebildet: jetzt **kaufen wir einfach Fachkräfte aus**

dem Ausland. Und kommen Sie mir jetzt nicht mit Argument, dass es zu wenig Nachwuchs gibt!

Merken Sie sich einfach mal die Regel:

BILDUNG = AUSBILDUNG = FACHKRÄFTE, oder glauben sie, dass die Fachkräfte aus dem Ausland irgendwie auf den Bäumen wachsen????

Wissen Sie eigentlich, warum ich als engagierte Bürgerin seit vielen Jahren den sogenannten Verantwortungsträgern in der Politik (Kohl, Schröder, Merkel, Roesler etc.) schreibe und **grundlegende Reformen bei Steuern, Bildung, Gesundheit** etc. einfordere?

Weil ich meinen Enkeln auf die Frage, warum wir das Land haben gegen die Wand fahren lassen, wenigstens die Kopien meiner Briefe vorlegen und Ihnen belegen kann, dass Ihnen meine Meinung nicht wichtig war und ist und die Politiker sich ausnahmslos überwiegend in parteipolitischen Sandkästen ausgetobt haben.

Mit freundlichen Grüßen

Anneliese Fischer-Husemeyer

Rainer Brüderle
Mitglied des Deutschen Bundestages

Rainer Brüderle, MdB · Platz der Republik 1 · 11011 Berlin

Frau
Anneliese Fischer-Husemeyer

    Berlin

Deutscher Bundestag
Platz der Republik 1
11011 Berlin

Dienstgebäude
10117 Berlin
Dorotheenstraße 101, Zi 4.503

☎ (030) 227-73425
🖷 (030) 227-76425
✉ rainer.bruederle@bundestag.de

Wahlkreis
Am Linsenberg 14
55131 Mainz

☎ (06131) 23 86 30
🖷 (06131) 22 67 38
✉ rainer.bruederle@bundestag.de

Berlin, den 22.09.2010

Sehr geehrte Frau Fischer-Husemeyer,

vielen Dank für Ihr Schreiben zum Thema Fachkräftemangel.

Selbstverständlich müssen alle Maßnahmen zur Bildung, Ausbildung und Fortbildung genutzt werden. Ebenso sollte weiter die Vereinbarkeit von Familie und Beruf in Deutschland verbessert werden. Gleichwohl wird dies nicht reichen. Die wachsende Wirtschaft ebenso wie die demographische Entwicklung lehrt, dass sich Deutschland weiter öffnen muss. Es schadet dem Aufschwung, wenn nicht mehr alle Aufträge verarbeitet werden können, weil Fachkräfte fehlen.

Deutschland muss im internationalen Wettbewerb um Fachkräfte besser positioniert werden. Ich befürworte eine intelligente Zuwanderungssteuerung nach Bedarf, Qualifikation und Integrationsfähigkeit. Darüber hinaus müssen wir uns auch um die Rückwanderung deutscher Fachkräfte aus dem Ausland kümmern.

Mit freundlichen Grüßen

Frau
Dr. Angela Merkel
Bundeskanzleramt
Willy-Brandt-Str. 1
10557 Berlin

Berlin, 13.03.2011

Betreff: Katastrophe in Japan und Verlängerung der Laufzeiten von Kern-
kraftwerken

Sehr geehrte Frau Dr. Merkel,

es ist jetzt ganz offensichtlich, dass Sie, Ihre Parteifreunde und Ihre Lobbyisten erst den großen Gau brauchen, damit Sie die Sorgen und Ängste
der Bevölkerung bezüglich der Gefahr der Kernenergie ernst nehmen. Bis
dahin verhalten Sie sich – wie immer – konsequent ignorant gegenüber
engagierten Bürgern, die mehrheitlich gegen Atomkraft sind.

Es geht hier um mehr als um die lächerliche „Strahlkraft" eines Polit-Pop-
Stars (die Bild-Leser werden sich bald anderweitig trösten); es geht um
die ungelöste Frage der Entsorgung der Brennstäbe, die noch tausende
von Jahren ihre Strahlkraft behalten werden...[*]

Mit freundlichen Grüßen

A. Fischer-Husemeyer

---

[*] Versandt über das online-Portal des Bundeskanzleramts

Frau
Dr. Angela Merkel
Bundeskanzleramt
Willy-Brandt-Str. 1
10557 Berlin

Berlin, 4. Mai 2011

Anmerkungen einer Bürgerin

Sehr geehrte Frau Merkel,

die Regierungschefin eines **christlich** ausgerichteten Landes, das ständig die **Menschenrechte** in anderen Ländern anmahnt, und einer **christlich** orientierten Partei verkündet öffentlich im Fernsehen ihre **Freude über die Tötung eines Menschen**:

Das ist eine gewaltige Ungeheuerlichkeit!

Welche Signale Sie außerdem damit ausgesendet haben in die Richtung gewaltbereiter potenzieller Terroristen, sollte Ihnen bewusst sein.

Mir und vielen anderen Bürgern jedenfalls ist das bewusst, und wir sind gespannt, welche Verbiegungen Sie nun wieder vornehmen werden, um Ihre öffentliche Äußerung zu revidieren.

Aus der Welt zu schaffen ist sie jedenfalls nicht mehr.

Anneliese Fischer-Husemeyer

Richter zeigt die Bundeskanzlerin an

06.05.2011, 14:18 Uhr | dapd

Hamburg (dapd-nrd). Der Hamburger Richter Heinz Uthmann hat Bundeskanzlerin Angela Merkel (CDU) wegen ihrer umstrittenen Äußerung zur Tötung des Al-Kaida-Terroristen Osama bin Laden angezeigt. Gemäß Paragraf 140 des Strafgesetzbuches werfe der Richter der Bundeskanzlerin Belohnung und Billigung von Straftaten vor, bestätigte der Hamburger Oberstaatsanwalt Wilhelm Möllers am Freitag auf dapd-Anfrage den Eingang der zweiseitigen Anzeige.

Merkel hatte am vergangenen Montag erklärt, sie freue sich darüber, "dass es gelungen ist, bin Laden zu töten". Damit hatte sie auch innerhalb der CDU für Kritik gesorgt. Unions-Fraktionschef Volker Kauder (CDU) hingegen verteidigte Merkel: "Als Christ gibt es für mich das Böse in der Welt. Osama war böse. Und man darf sich als Christ freuen, wenn es weniger Böses auf der Welt gibt", sagte der CDU-Politiker dem Nachrichtenmagazin "Der Spiegel" laut Vorabbericht vom Freitag.

"Ich habe die Strafanzeige gestellt, da ich davon überzeugt bin, dass die Äußerung der Kanzlerin eine Straftat ist", sagte Uthmann am Freitag auf dapd-Anfrage. Anhand der Reaktionen der Kirchen könne man sehen, dass eine solche Äußerung in Mitteleuropa nicht erlaubt sein könne. "Außerdem zahle ich keine Steuern für jemanden, der so etwas von sich gibt", sagte Uthmann weiter.

"Diese Äußerung - für die Tochter eines christlichen Geistlichen verwunderlich und abseits aller Werte wie Menschenwürde, Barmherzigkeit und Rechtsstaat - begründet den Anfangsverdacht einer Straftat nach Paragraf 140 des Strafgesetzbuches", heißt es in der Anzeige, die am Donnerstag bei der Staatsanwaltschaft einging. Merkels Äußerung war zur bundesweiten Verbreitung bestimmt, was keiner Begründung bedürfe.

Wie Uthmann weiter ausführte, hat sich "der Erfolgswert der Straftat bestimmungsgemäß nicht nur in Berlin, sondern allen Bezirken aller deutschen Staatsanwaltschaften realisiert". Damit sei auch die Hamburger Anklagebehörde zuständig. Möllers geht dennoch davon aus, dass die Hamburger Staatsanwaltschaft das Verfahren an die zuständige Behörde in Berlin abgeben werde.

Uthmann ist seit 1987 Richter. Zunächst arbeitete er am Landgericht als Richter für Wirtschaftsstrafrecht. Danach war er im Arbeitsrecht tätig. Die juristischen Erfolgschancen seiner Strafanzeige stuft der 54-Jährige aus dem Hamburger Stadtteil Rotherbaum jedoch gering ein. "Kein deutscher Staatsanwalt wird den Mut haben, Frau Merkel deswegen anzuklagen", sagte Uthmann.

Nach Ansicht des Richters wird die Äußerung aber Konsequenzen für die Kanzlerin haben. Immerhin habe bereits der Vorsitzende des Rechtsausschusses und CDU-Bundestagsabgeordnete, Siegfried Kauder, die Äußerungen der Kanzlerin als mittelalterlich bezeichnet. "Ein Ausschussvorsitzender der Regierungsfraktion äußert sich zur Bundeskanzlerin in der Regel nicht so", sagte Uthmann.

Frau
Dr. Angela Merkel
Bundeskanzleramt
Willy-Brandt-Str. 1
10557 Berlin

Berlin, 9. November 2011

Anmerkungen einer einfachen Bürgerin

Sehr geehrte Frau Bundeskanzlerin Merkel,

der 9. November ist ein historisches Datum. Einerseits wurden 1938 Synagogen und Jüdische Geschäfte von Nazis brutal zerstört – das schreckliche Zeugnis eines faschistischen Systems; andererseits haben die Bürger der DDR 1989 das damals noch bestehende System friedlich zu Fall (Mauer) gebracht.

Die Situation in Deutschland heute am 9. November sieht folgendermaßen aus:

1. Die Demokratie ist in Gefahr, weil die Bürger kein Vertrauen mehr haben in die sogenannten „Volksvertreter". Das ist auch der Grund, warum nur etwa 50 % der Wahlberechtigten zu Wahl gehen, weil sie einfach nicht mehr wissen, wen sie wählen sollen; egal wen sie wählen, es ändert sich ja doch nichts, und die Politiker machen ja doch immer was sie wollen. Es ist allgemein bekannt, dass auch viele Nichtwähler aus lauter Verzweiflung die Piraten gewählt haben. **Wir brauchen also mehr Transparenz, mehr Berücksichtigung des Bürgerwillens – auch durch Volksentscheide, mehr Respekt vor dem Umgang mit Steuergeldern und vor allem weniger Lobbykratie!**

2. Die Bildung ist in Gefahr, weil wir zu wenig Geld in die Bildung investieren. Wir wissen alle, dass Investitionen in die Bildung die einzig wichtige Zukunftsinvestition für unser Land sind. Dazu kommt noch, dass wir mit unserem Hang zur „Kleinstaaterei" alle Fortschritte in der Bildung massiv behindern. In der letzten OECD-Studie sind wir an 30. Stelle aufgelistet, das spricht für sich. Und jetzt auch noch die neue Vereinbarung („**Herdprämie**"), den Familien Geld zu zahlen, die ihre Kinder selbst betreuen. Mit Verlaub: das ist wirklich ein Schritt zurück zum Mittelalter und ein komplett falscher Anreiz. Das wäre so ähnlich, als wenn Sie jetzt den Studenten Geld anbieten, damit sie zuhause bleiben, weil es zu wenig Studienplätze gibt!!! Bildung fängt beim Kindergarten an (sollte außerdem kostenfrei sein), und bis jetzt gibt es nur für etwa 30% der Familien einen Kindergartenplatz, obwohl es ab August 2013 einen Rechtsanspruch darauf für jedes Kind geben soll. **Was wir brauchen, ist eine „Finlandisierung des Bildungssystems".** Finland ist deshalb in der Bildungsstatistik immer ganz vorne, weil sie einfach **mehr in die Bildung investieren**, und da schließt sich wieder der Kreis.

3. Die Zukunft der Kinder und Enkel ist in Gefahr, weil eine ungeheuer große Schuldenlast gnadenlos den zukünftigen Generationen vererbt wird. Auch ohne die für uns unübersichtlichen diversen Rettungsschirme mit Bürgschaften bis in Billionen-Höhe, deren Einlösung natürlich – wie immer - den Steuerzahlern zufällt, kommt schon jetzt jeder neue Erdenbürger mit ca. 20.000 € Schulden auf die Welt. Gleichzeitig verdienen Banken und Aktionäre (Mitverursacher der Krisen) Unsummen, Banker bekommen immer noch Boni in Millionenhöhe. Könnten Sie das bitte den Enkeln erklären? Dazu kommt noch, dass ca. jeder dritte Rentner in 30 Jahren (das sind z.B. auch die vielen gut ausgebildeten Menschen, die sich von einem Praktikum zum nächsten hangeln) in der Grundsicherung landen wird. Obwohl wir in einem der (noch!) reichsten Länder der Welt leben, gibt es insgesamt 20 Millionen Menschen, die entweder keine Arbeit haben, oder nur Teilzeit arbeiten, oder 1-Euro-Jobs machen, oder aber sogar einen Vollzeitjob haben und trotzdem von ihrem Lohn nicht leben können und ergänzende Leistungen beziehen. Das ist die „Erfolgsgeschichte" der BRD. Ich bin der Meinung, wenn <u>alle Menschen anständig für Ihre Arbeit bezahlt werden</u>, gibt es keinen Grund mehr, den Staat für irgendwelche Leistungen in Anspruch zu nehmen. Das bedeutet mehr

Menschenwürde und die Möglichkeit, am Leben und am Konsum teilzunehmen, und das käme auch der Wirtschaft zugute.

4. Reformdefizit: seit vielen Jahren schreibe ich den gerade im Amt befindlichen Kanzlern (seit Helmut Kohl...) und fordere

– eine grundlegende gerechte und soziale Steuerreform. Auch Finanzexperten blicken kaum mehr durch diesen Wust durch. Millionäre können sich steuerlich auf Null rechnen, legal! Sie haben z.B. vor ca. 6 Monaten eine Steuerreform angekündigt, in deren Zuge die unsinnige Steuererleichterung für Hoteliers (ca. 2 Milliarden) wieder rückgängig gemacht werden sollte. Wo bleibt sie?

– Abbau von unsinnigen und unsozialen Subventionen. Wann?

Frau Merkel, **Sie ignorieren** einfach uns, das Volk (Vergessen? <u>Wir sind das Volk!</u>). **Sie verraten** die zukünftigen Generationen, indem Sie Ihnen unsägliche Schulden überlassen. Außerdem: **Sie verkaufen** uns an die Banken, Konzerne und Lobbyisten. Sie und viele andere Staatsminister trauen sich einfach nicht, den Banken Regeln vorzuschreiben, Finanztransaktionssteuern durchzusetzen, den wirklich Vermögenden Steuern aufzuerlegen, die Steueroasen weltweit dicht zu machen und so weiter. Es gibt ja das große Volk der Steuerzahler, mit deren Steuergeldern Sie so verantwortungslos umgehen, als wäre es Spielgeld.

Die Welt sähe anders und wahrscheinlich sehr viel besser aus, wenn es eine Regelung gäbe, so dass Banker und auch Politiker für ihr Handeln und ihre Fehler zur Verantwortung gezogen werden könnten - so wie jeder Bürger auch zur Verantwortung gezogen wird. Ich möchte Sie an die Frau erinnern, die entlassen wurde, weil sie als Angestellte von einem Buffet eine Bulette genommen und verzehrt hat.

Sie, Frau Merkel, begreifen nicht, dass wir Bürger mehr begreifen, als Sie sich vorstellen können, und dass das Vertrauen in diesen Staat sehr gestört ist. Und <u>das ist kein Kommunikationsproblem</u>, wie Sie nach jeder verlorenen Wahl versuchen zu vermitteln. Bei jeder Bundestagsdebatte, die – und darüber freue ich mich – bei Phoenix live übertragen wird, sind Sie immer, wenn die Opposition redet, entweder mit Ihrem Handy beschäftigt oder aber Sie wenden sich ab!

SIE HÖREN EINFACH NICHT ZU!

Ich habe Ihnen schon mehrfach geschrieben, aber nur selten eine Antwort von Ihnen bekommen; das ist eine Form von Ignoranz, die nicht zu überbieten ist. Herr Kohl z.B. hat sich für meine Briefe noch freundlich bedanken lassen mit den Worten, dass es wichtig für ihn sei, Anregungen zu erhalten. Mich treibt nämlich die Sorge um die Zukunft unseres Landes und unserer Enkel um; bei Ihnen habe ich den Eindruck, dass Ihnen die Herren Ackermann & Co wichtiger sind.

Und noch was: **Sie sollten besser Ihre Finger von unseren Goldreserven lassen!**

Falls meine Enkel mich später einmal fragen werden, warum wir nichts unternommen und ihnen diese unglaublichen Schulden überlassen haben, werde wenigstens ich meine gesammelten Briefe an alle Kanzler vorlegen und beweisen können, dass ich mit meinen Möglichkeiten alles versucht habe - aber nichts gegen die konzertierte gnadenlose Ignoranz der Politiker aller Parteien ausrichten konnte.

Mit freundlichen Grüßen

Anneliese Fischer-Husemeyer

Bundeskanzleramt

Bundeskanzleramt, 11012 Berlin

Frau
Anneliese Fischer-Husemeyer

Berlin

HAUSANSCHRIFT Willy-Brandt-Straße 1, 10557 Berlin
POSTANSCHRIFT 11012 Berlin

TEL   +49 30 18 400-0
FAX   +49 30 18 400-2357
E-MAIL poststelle@bk.bund.de

012 – K 201 407/11/0003   Berlin, 17. November 2011

Sehr geehrte Frau Fischer-Husemeyer,

die Bundeskanzlerin hat mich gebeten, Ihnen den Eingang Ihres jüngsten Schreibens vom 09. November 2011 zu bestätigen.

Ihre Ausführungen und Bewertungen wurden – wie auch bei Ihren vorherigen Schreiben - aufmerksam zur Kenntnis genommen.

Dass die Bundeskanzlerin nicht jede der Tausenden von Zuschriften und Emails beantworten oder kommentieren kann, ist keineswegs – wie Sie interpretieren – ein Zeichen der Ignoranz. Vielmehr werden alle Zuschriften hier gelesen und nach Inhalt und Tendenz ausgewertet. Die Bundeskanzlerin wird regelmäßig darüber informiert, welche Themen und Positionen die Bürgerinnen und Bürger an sie herantragen.

Sie misst diesen Zuschriften einen großen Stellenwert bei, ist es doch gelebte Demokratie, wenn Sie Ihre persönlichen Einschätzungen auf der Basis von Art. 5 Grundgesetz direkt hier im Büro der Bundeskanzlerin vorbringen. Ob Dissens, oder Konsens – das spielt hierbei keine Rolle.

Es wäre daher wünschenswert, wenn Sie auch weiterhin die politischen und gesellschaftlichen Entwicklungen so aufmerksam und engagiert begleiten würden.

Die Bundeskanzlerin wünscht Ihnen für die Zukunft alles Gute.

Mit freundlichen Grüßen

Thomas Rücker

Herrn
Dr. Wolfgang Schäuble
Bundestagsbüro
Platz der Republik 1
11011 Berlin

Berlin, 16. November 2011

Neuverschuldung

Sehr geehrter Herr Dr. Schäuble,

in Namen unserer Kinder und Enkel würde ich gerne – wenn es nicht zu vermessen ist – von Ihnen wissen, warum es notwendig ist, für den Haushalt 2012 so hohe neue Schulden aufzunehmen.

Soweit ich informiert bin, wollte die BRD Schulden abbauen und waren die Steuereinnahmen in diesem Jahr erfreulich hoch. Dazu kommen noch die plötzlich und unerwartet aufgetauchten 55 Milliarden der HRE-Bank!

Wir würden also gerne wissen, wofür diese vielen Milliarden Neuschulden gebraucht werden.

Ihnen, Herr Schäuble, sollte bewusst sein, dass die Zukunft der Kinder und Enkel in Gefahr ist, weil eine ungeheuer große Schuldenlast den zukünftigen Generationen vererbt wird.   Auch ohne die für uns unübersichtlichen diversen Rettungsschirme mit Bürgschaften bis in Billionen-Höhe, deren Einlösung natürlich – wie immer - den Steuerzahlern zufällt, kommt schon jetzt jeder neue Erdenbürger mit ca. 20.000 € Schulden auf die Welt. Gleichzeitig verdienen Banken und Aktionäre (Mitverursacher der Krisen) Unsummen; Banker bekommen immer noch Boni in Millionenhöhe. Könnten Sie bitte auch das den Enkeln erklären?

Mit freundlichen Grüßen
Anneliese Fischer-Husemeyer

Bundesministerium
der Finanzen

Leitungsstab
Referat Bürgerangelegenheiten

POSTANSCHRIFT Bundesministerium der Finanzen, 11016 Berlin

HAUSANSCHRIFT Wilhelmstraße 97, 10117 Berlin

Frau
Anneliese Fischer-Husemeyer

TEL +49 (0) 30 18 682-33 00
FAX +49 (0) 30 18 682-22 97
E-MAIL buergerreferat@bmf.bund.de

Berlin

DATUM 22. November 2011

GZ **2011/0940321**
DOK **2011/0940269**
(bei Antwort bitte GZ und DOK angeben)

Sehr geehrter Frau Fischer-Husemeyer,

vielen Dank für Ihr Schreiben vom 16. November 2011 an Herrn Dr. Wolfgang Schäuble,
den Sie in seiner Eigenschaft als Bundesminister der Finanzen, ansprechen. Ich wurde gebeten, Ihnen zu antworten.

Ich verstehe Ihr Unbehagen über den steigenden Schuldenstand in Deutschland und habe auch
großes Verständnis für Ihre Aussage, dass Sie als Bürger keine weitere Verschuldung wollen.

Bundesminister Schäuble teilt Ihre Besorgnis. Er hat öffentlich betont, dass in anderen Teilen
der Welt genau betrachtet wird, ob es unserer freiheitlichen verfassten Gesellschaft mit unseren zum Teil unvermeidlichen langwierigen demokratischen Prozessen gelingt, diese Probleme zu lösen. Demokratische Mehrheiten neigen dazu, mehr Geld auszugeben, als sie einnehmen. Das können wir uns in vielen Industriestaaten nicht mehr leisten.

Eine Reduzierung der Staatsverschuldung ist daher dringend, damit unsere Nachkommen
nicht vor einem unüberwindbaren Berg stehen. Die europäischen Regierungschefs haben
sich daher verpflichtet, in ihrem Land eine nationale Schuldenbremse einzuführen –
ähnlich der deutschen Schuldenbremse von 2009.

Die Bundesregierung plant eine konsequente Umsetzung der neuen Schuldenregel und einen schrittweisen Abbau der historisch hohen Neuverschuldung bis zum Jahr 2016 mit den konkret beschlossenen Maßnahmen vom Sommer 2010. Dazu leisten praktisch alle Politikbereiche einen Sparbeitrag (Beispiele: Abbau von rd. 10 000 Stellen im Bundesbereich bis 2014, Aussetzung des Weihnachtsgeldes für Beamte und Pensionäre, effizientere Arbeitsmarktpolitik, Bundeswehrstrukturreform, Abbau von Energiesubventionen). Es bedarf in der Tat aber noch weiterer Konsolidierungsanstrengungen, um die Schuldenregel 1:1 einhalten zu können.

Die Strategie der Bundesregierung ist auf eine wachstumsfreundliche Konsolidierung angelegt. Der Verzicht auf Abgabe- und Steuererhöhungen ist ein wichtiger Beitrag zur Sicherung von Arbeitsplätzen. Das macht den Sozialstaat sicherer, der auf stabile Beschäftigung und ein stetiges Beitragsaufkommen angewiesen ist. Steuererhöhungen spülen zwar kurzfristig Geld in die Kassen, behindern aber das Wachstum. Manche Investitionen in mittelständischen Unternehmen unterbleiben dann.

Auf der Ausgabenseite sind die Spielräume auch begrenzt, weil rund die Hälfte der Bundesmittel für soziale Zwecke zur Verfügung stehen - mit ganz konkreten, persönlich zustehenden Ansprüchen auf Leistungen etwa in der Grundsicherung oder der Altersversorgung. Auf diese Leistungen möchten die allermeisten Bürger ebenso wenig verzichten wie beispielsweise auf gute Schulen oder eine funktionierende Polizei.

Leider stehen durch für die Fehlbuchungen bei der Hypo Real Estate (HRE) keine 55 Mrd. € zur Verfügung.

In der Frage von Fehlbuchungen geht es um die Institution „FMS-Wertmanagement", die für die Verwaltung und Vermarktung des problematischen Teils der Wertpapierfolios der HRE eingerichtet wurde. Das Bundesministerium der Finanzen ist mit Nachdruck bemüht, eine Klärung der Verantwortlichkeiten zu erreichen und Konsequenzen zu ziehen, um für die Zukunft Fehlbuchungen auszuschließen.

Es geht allerdings nicht darum, dass sich das Eigenkapital oder das wirtschaftliche Ergebnis des FMS-Wertmanagement verändert haben. In der Diskussion steht nur der Bilanzumfang. Die Aufblähung der Bilanzsumme macht Deutschland weder ärmer noch reicher, sondern wirkt sich nur statistisch aus. Es steht daher leider kein zusätzliches Geld zur Verfügung.

Erlauben Sie mir noch eine Anmerkung zu den Banken. Die Regulierung der Finanzmärkte ist bisher noch unzureichend. Die Banken haben nur eine dienende Funktion.

Im Finanzsektor müssen wieder stärker die Prinzipien des Maßhaltens und der persönlichen Verantwortung und Haftung verankert werden. Dazu haben die Bundesregierung und die internationale Gemeinschaft konkrete Vorhaben auf den Weg gebracht, die eine stärkere Regulierung der Finanzwirtschaft mit sich bringen:

Ausrichtung von erfolgsabhängigen Zahlungen nicht mehr am kurz-, sondern am mittel- und langfristigen Erfolg, Erhöhung des Risikopuffers bei Banken durch höhere Eigenkapitalvorschriften („Basel III") inklusive eines Aufschlages für besonders systemrelevante Banken, Bankenabgabe, Möglichkeit der Zerschlagung von Banken, die in Schieflage geraten, Europäische Finanzaufsicht.

Mit freundlichen Grüßen

Im Auftrag

Dr. Jürgen Karstendiek

Bundesministerium des Innern
Herrn Dr. Hans-Peter Friedrich
Alt-Moabit 101D
10559 Berlin

Berlin, 27. Januar 2012

Beobachtung von Abgeordneten der Linken Fraktion

Sehr geehrter Herr Dr. Friedrich,

ich gehe davon aus, dass die Abgeordneten der Linken in ihrem jeweiligen Wahlkreis in geordneten Wahlen (frei und geheim) vor dem Hintergrund einer freiheitlich demokratischen Grundordnung gewählt wurden. Sie sind also – wie es üblich ist bei allen Abgeordneten aller Parteien – von ihren Wählern dazu beauftragt worden, deren Interessen im Bundestag so gut wie möglich zu vertreten, bzw. im Falle der Opposition zu verteidigen. Soweit werden Sie mir sicher zustimmen.

Nun wird ein Drittel dieser Partei vom BfV seit längerer Zeit beobachtet. Die Gründe dafür sind – mit Verlaub – lächerlich. Dann müssten Sie auch alle Wähler dieser Abgeordneten beobachten lassen, denn die müssen ja wohl einverstanden sein mit dem Programm der Linken.

Dazu kommt noch, dass so ca. 50 % der Bevölkerung, die nicht mehr zur Wahl gehen, weil sie das Vertrauen in die Politik verloren haben, beobachtet werden müssten. Denn diese Menschen fühlen sich von keiner Partei vertreten, möglicherweise möchten sie eine andere Republik als die, in der wir im Moment leben, und das macht sie doch verdächtig.

Die Schere zwischen Armen und Reichen klafft immer weiter auseinander; Kinderarmut; Finanzkrisen; Rettungsschirme; Gewinne werden privatisiert, Verluste immer sozialisiert; die Politiker werden von den Finanzmärkten durchs Dorf getrieben; Löhne, von denen man nicht leben kann etc.

Aber glauben Sie mir, in einem kommunistischen Land möchte trotzdem niemand leben, nur sollte es sehr viel gerechter zugehen.

Genau das sind die Gründe für die Gefahr der Demokratie: der Verlust des Vertrauens in die Politik, Herr Friedrich. Und gerade Sie und Ihre Behörden tragen im Moment gewaltig dazu bei, dass dieses Vertrauen immer weiter verloren geht.

Außerdem würde ich Ihren Damen und Herren vom BfV empfehlen, ihre Augenklappen auf dem rechten Auge – jedenfalls von Fall zu Fall - abzunehmen, dann könnte unter Umständen der eine oder andere rechtsextremistische Fall aufgeklärt werden. Und wenn man auch die Lupe vor dem linken Auge ablegen würde, dann könnte sich die verkrampfte linke Hand entspannen.

Das wäre wirklich ein Beitrag zum Erhalt unserer DEMOKRATIE.

Und wenn Sie, Herr Dr. Friedrich, mehr über mich erfahren möchten, dann können sie selbstverständlich Ihre entsprechenden Organe beauftragen, aber sprechen Sie mich doch einfach direkt an.

Mit freundlichen Grüßen

Anneliese Fischer-Husemeyer

Bundespräsidialamt
Herrn Christian Wulff
Spreeweg 1
10557 Berlin

Berlin, 5. März 2012

Sehr geehrter Herr Wulff,

mit Ihrer Aussage, dass Ihnen der „Ehren"Sold, mit allen zusätzlichen Extras, genau so zustehe wie allen vorangegangenen Bundespräsidenten, bestätigen Sie einmal mehr den Charakter Ihrer persönlichen Struktur: alles mitnehmen was geht.

Es kann Ihnen nicht entgangen sein, dass so etwa 80% der Bundesbürger nicht der Meinung sind, dass Ihnen die „Ehre" dieses Soldes zusteht.

Alle anderen früheren Bundespräsidenten waren nämlich durchweg integre, ehrenwerte Persönlichkeiten und würdevolle Vertreter der BRD und außerdem sämtlich in einem Alter, in dem man sich diesen Sold bis dahin redlich verdient hat. Da gab es nie Diskussionen.

Sie, Herr Wulff, haben somit die letzte Chance für einen Rest von Respekt Ihnen gegenüber vertan.

Und dass ausgerechnet Ihre ehemaligen Vertrauten im Bundespräsidialamt darüber entscheiden konnten und entschieden haben, dass Ihr Rücktritt politische Gründe habe, ist mehr als unappetitlich. Auch diese Entscheidung wird nicht unbedingt dazu beitragen, den Glauben an die sogenannten Verantwortungsträger und die Demokratie zu stärken.

Vielleicht sollten Sie einmal über einen alten weisen, türkischen Spruch nachdenken:

Schlafe lieber am Fußende eines Armen als am Kopfende eines Reichen.

Wenn Sie sich immer danach gerichtet hätten, wären Sie vielleicht für viele Jahre ein würdevoller Bundespräsident geworden.

In diesem Sinne und
mit freundlichen Grüßen

Anneliese Fischer-Husemeyer

Herrn
Dr. Wolfgang Schäuble
Bundestagsbüro
Platz der Republik 1
11011 Berlin

Berlin, 11.03.2012

Besteuerung Bundesfreiwilligendienst

Sehr geehrter Herr Dr. Schäuble,

es ist keine Frage, dass der Staat Geld braucht. Es ist aber auch zweifelsfrei, dass der Staat sich immer mehr da das Geld holt, wo eigentlich keins zu holen ist. In diesem Falle von Menschen, die freiwillig einen Dienst für die Gesellschaft leisten, für den sie nicht wirklich viel Geld bekommen. Und das möchten Sie, Herr Schäuble, jetzt auch noch besteuern!? Das ist mehr als unanständig.

Das Signal ist eindeutig:

Der Staat schont die Reichen und nimmt es von den Armen, die sich nicht wehren können. Die Schere geht seit Jahren immer weiter auseinander.

1997 habe ich an den damaligen Bundeskanzler Kohl einen Brief geschrieben mit dem Inhalt, dass eine gerechte und durchschaubare Steuerreform notwendig und überfällig ist. Seitdem hat sich keine Regierung an diese Reform getraut. Im Gegenteil.

Die erste Amtshandlung der jetzigen Regierung vor zwei Jahren war, die Mehrwertsteuer für die Hotelbranche zu reduzieren. Das hat mal eben 2 Milliarden Euro weniger für den Staatshaushalt bedeutet. Ich erinnere mich, dass geplant war, diese Regelung im Zuge einer kompletten Steuerreform wieder zurück zu nehmen. Vielleicht sollten auch Sie sich gelegentlich daran erinnern.

Und ich sage noch einmal (das ist übrigens eine Redewendung, die gerne und gerade von Politikern häufig benutzt wird, wenn sie von Journalisten befragt werden), **was wir brauchen ist**

1. eine komplette, gerechte und durchschaubare Steuerreform

2. den Abbau von unsinnigen Subventionen

3. die Erhöhung des Spitzensteuersatzes (wir haben den niedrigsten in ganz Europa)

4. die Erhöhung der Erbschaftssteuer (wir haben die niedrigste in ganz Europa)

5. die Einführung eines Mindestlohns (wir sind inzwischen ein Niedriglohnland, die prekären Beschäftigungsverhältnisse nehmen immer mehr zu....)

6. die Regulierung der Finanzmärkte

Jeder, der auch nur ein wenig Ahnung von Wirtschaft hat, redet seit Jahren davon, dass die Binnennachfrage wichtig ist und gestärkt werden muss, da es nicht sicher ist, dass Deutschland auf Dauer Exportweltmeister bleiben wird.

Denn, lieber Herr Schäuble, wo kein Geld ist, kann auch keins ausgegeben werden. Das ist eine ganz einfache und klare Rechnung. Familien verhalten sich da in der Regel anders als der Staat, der auch das Geld ausgibt, was er nicht hat und seinen Enkeln Billionen Schulden hinterlässt. Es gibt in diesem sogenannten reichen Land Millionen Menschen, die nur das Existenzminimum zum Leben haben, es gibt Kinderarmut, die Bildung ist ein Armutszeugnis etc.

Denken Sie also einfach mal über die wirklich dringenden Themen - wie Reformen - für unsere Gesellschaft nach, das würde schon eine Menge bringen.

Mit freundlichen Grüßen

Anneliese Fischer-Husemeyer

Bundesministerium
der Finanzen

Leitungsstab
Referat Bürgerangelegenheiten

POSTANSCHRIFT   Bundesministerium der Finanzen, 11016 Berlin

Frau
Anneliese Fischer-Husemeyer

Berlin

HAUSANSCHRIFT   Wilhelmstraße 97, 10117 Berlin

TEL   +49 (0) 30 18 682-33 00
FAX   +49 (0) 30 18 682-22 97
E-MAIL   buergerreferat@bmf.bund.de
DATUM   4. April 2012

DOK   **2012/0320882**
(bei Antwort bitte DOK angeben)

Sehr geehrte Frau Fischer-Husemeyer,

vielen Dank für Ihr Schreiben vom 11. März 2012 an Herrn Dr. Wolfgang Schäuble, den Sie in seiner Eigenschaft als Bundesfinanzminister auf diverse Themen ansprechen. Er hat mich gebeten, Ihnen zu antworten.

Gerne nehme ich zu Ihren finanzpolitischen Thesen Stellung:

Ich bedaure, wenn bei Ihnen der Eindruck entstanden ist, die mit dem Entwurf eines Jahres-steuergesetzes 2013 vorgeschlagene Gleichbehandlung aller Erwerbseinkünfte sei eine Geringschätzung des Bundesfreiwilligendienstes. Das Ziel ist vielmehr, alle Erwerbseinkünfte steuerlich gleich zu behandeln. Für die meisten Freiwilligen ist die Änderung ohne praktische Bedeutung.

Sie bringen in Ihrem Schreiben Ihr Bedauern zum Ausdruck, dass es bisher nicht zu einer „echten" Steuerreform gekommen ist. Ihren Unmut kann ich verstehen. Einige Vereinfa-chungen wurden schon erzielt, insgesamt liegt aber noch einige Arbeit vor uns.

Die Besteuerung der Kapitalerträge ist durch die Abgeltungsteuer z. B. einfacher geworden. Vielfach müssen sie gar nicht mehr aufgelistet werden, wenn die Kirchensteuer von der Bank einbehalten wurde oder keine Erstattung beantragt wird.

Ziel der Bundesregierung ist es, dass die Steuererklärungsvordrucke und Erläuterungen verständlicher und anwendungsfreundlicher ausgestaltet werden und allen Bürgern auf Wunsch eine vorausgefüllte Steuererklärung mit den bei der Finanzverwaltung vorhandenen Daten zur Verfügung gestellt wird.

Einige Vorschläge sind in einem Steuervereinfachungsgesetz umgesetzt worden, das auf der Seite des Bundesministeriums der Finanzen unter www.bundesfinanzministerium.de einsehbar ist (Beispiele: Anhebung Arbeitnehmer-Pauschbetrag auf 1.000 Euro, erleichtertes Verfahren für Familien bei Kinderbetreuungskosten und Kindergeld/-freibeträge für volljährige Kinder).

Für eine grundlegende Vereinfachung des Steuerrechts fehlt es allerdings noch an den finanziellen Spielräumen, die erst erarbeitet werden müssen. Nach den Planungen für das laufende Jahr müssen noch rd. 35 Mrd. Euro durch neue Kredite finanziert werden. Eine grundlegende Steuerreform dürfte aber nur durchsetzbar sein, wenn die große Mehrheit der Steuerpflichtigen von Entlastungen profitiert.

Alle Subventionen aus dem Bundeshaushalt werden regelmäßig im Subventionsbericht aufgelistet und diskutiert. Subventionen gehören in der Tat permanent auf den Prüfstand. Die Bundesregierung hat in ihrem Konsolidierungspaket vom Sommer 2010 mit dem Abbau von Energiesubventionen einen weiteren Schritt vollzogen.

Über einen Beitrag der Wohlhabenden und das Thema Gerechtigkeit kann man trefflich streiten. Das Konzept der Bundesregierung wahrt aber auch hier die richtige Balance:

- Der Verzicht auf Abgabe- und Steuererhöhungen ist ein wichtiger Beitrag zur Sicherung von Arbeitsplätzen. Das macht den Sozialstaat sicherer, der auf stabile Beschäftigung und ein stetiges Beitragsaufkommen angewiesen ist. Steuererhöhungen spülen zwar kurzfristig Geld in die Kassen, behindern aber das Wachstum. Manche Investitionen in mittelständischen Unternehmen unterbleiben dann.
- Fakt ist: Schon jetzt tragen die starken Schultern in Deutschland auch große Lasten. Immerhin trugen im Jahr 2010 die oberen 5 % der Steuerpflichtigen rund 42 % zum gesamten Einkommensteueraufkommen in Deutschland bei.
- Im internationalen Vergleich lag der Spitzensteuersatz für die höchsten Einkommen 2010 in Deutschland mit rund 47,5 % (Einkommensteuer einschließlich Solidaritätszuschlag) im oberen Feld und damit vor allen anderen großen europäischen Staaten wie Frankreich, Italien und Spanien. Großbritannien hat zwar im Moment einen Spitzensteuersatz von 50 %, der nach den Plänen der dortigen Regierung aber wieder erheblich gesenkt werden soll.

Die Erbschaftsteuer ist in Deutschland gerade reformiert worden. In Österreich wurde sie sogar abgeschafft, insofern trifft Ihre Vermutung nicht zu.

Ich verstehe Ihr Unbehagen über die Vorgänge an den Finanzmärkten. Die Regulierung der Finanzmärkte ist bisher noch unzureichend. Die Banken haben nur eine dienende Funktion.

Im Finanzsektor müssen wieder stärker die Prinzipien des Maßhaltens und der persönlichen Verantwortung und Haftung verankert werden. Dazu haben die Bundesregierung und die internationale Gemeinschaft konkrete Vorhaben auf den Weg gebracht, die eine strengere Regulierung der Finanzwirtschaft mit sich bringen: Ausrichtung von erfolgsabhängigen Zahlungen nicht mehr am kurz-, sondern am mittel- und langfristigen Erfolg, Erhöhung des Risikopuffers bei Banken durch höhere Eigenkapitalvorschriften („Basel III") inkl. eines Aufschlages für besonders systemrelevante Banken, Bankenabgabe, Möglichkeit der Zerschlagung von Banken, die in Schieflage geraten, Europäische Finanzaufsicht, Kontrolle der „Schattenbanken", Verbot hochriskanter Geschäfte.

Mit freundlichen Grüßen

Im Auftrag

Dr. Jürgen Karstendiek

Bundesministerium für FSFJ
Frau Dr. Kristina Schröder
Glinkastr. 24
10117 Berlin

Berlin, 16. April 2012

Betreuungsgeld*

Sehr geehrte Frau Dr. Schröder,

es gibt wenigstens eine Frau in der BRD, für die das geplante Betreuungs-geld außerordentlich sinnvoll wäre: das sind Sie, Frau Schröder.

Bleiben Sie bitte bei Ihrem Kind und verschonen Sie uns mit Ihren unsinni-gen Ideen, die nicht nur von der gesamten Fachwelt sondern auch von Arbeitgeberverbänden und den Gewerkschaften abgelehnt werden.

---

* Nach monatelangen Debatten im Bundestag wurde die Vorlage zum „Betreuungsgeld" im November 2012 angenommen.

Es sollte einen „Ausgleich" darstellen für die Eltern, die ihre Kinder zuhause betreuen und nicht in einer entsprechenden Einrichtung betreuen lassen, da diese staatlich Zuschüsse erhalten. Das war ein Hauptargument vor allem der CSU.

Dieses Thema steht exemplarisch für das Verhalten von Parteien: als Oppositionspartei, während des Wahlkampfes und in Koalitionsverhandlungen und dann als Regierungspartei.

Beispiel SPD. Als Oppositionspartei 2012 folgte sie der Meinung der allermeisten Fachleute: das Betreuungsgeld sei rückwärtsgewandt, man müsse im Gegenteil in die Kitas und die Ausbildung der Erzieher investieren. Außerdem wäre es ein Anreiz für einen Teil der Frauen, zuhause zu bleiben und Ihre Arbeit aufzugeben. In einigen skandinavischen Ländern, in denen es z.T. schon länger das Betreuungsgeld gibt, konnte man diese Entwicklung be-obachten.

Währen des Wahlkampfes 2013 verkündete die SPD, dass sie das Gesetz sofort kippen wür-de. Nach der Wahl 2013 war das Betreuungsgeld für die SPD – jetzt als Koalitionspartner der CDU/CSU-kein Thema mehr!

Dies ist nur ein Beispiel für die vielen Ursachen von Politikverdrossenheit.

2015 wurde das Gesetz vom Bundesverfassungsgericht kassiert. Es kommt seitdem nur noch im Land der CSU voll zur Anwendung, die es auch zur Vorlage gebracht und in den Debat-ten heftig verteidigt hatte.

Aber, wie so oft, setzt sich die Politik über alle Argumente hinweg und beharrt stur auf einer unsinnigen Vereinbarung im Koalitionsvertrag, die durch eine kleine, lokale, folkloristische und überflüssige Partei aus Bayern dort hineingekommen ist.

Klasse, weiter so, die Piraten reiben sich die Hände!

Mit freundlichen Grüßen

Anneliese Fischer-Husemeyer

SPD-Bundestagsfraktion
Herrn Dr. Frank-Walter Steinmeier
Platz der Republik
11011 Berlin

Berlin, 17. April 2012

Neuregelung des Rederechts im Parlament

Sehr geehrter Herr Dr. Steinmeier,

in Nordafrika haben unglaublich viele Menschen dafür gekämpft und z.T. ihr Leben dafür hingegeben, dass in ihrem Land endlich die Menschen ihre Meinung frei äußern dürfen.

Und ganz Europa hat gejubelt....

In Deutschland, einem demokratischen Land, wird an einer „Neuregelung des Rederechts" im Parlament gebastelt, da es Mitglieder im Parlament gibt, die nicht immer die gleiche (konforme) Meinung wie die Fraktionsmitglieder haben˙. Was soll man davon halten?

Die Abgeordneten des Parlaments sind frei gewählt von den Bürgern und haben den Auftrag, ihre Meinung frei zu äußern – auch wenn sie unbequem sein sollte.

Es sind nicht die Abnicker, die eine Gesellschaft verändern, es sind die Unbequemen, die Querdenker, die Weitsichtigen, die nicht nur an die nächste Wahl denken, sondern denen es um die Sache und die Zukunft geht. Davon gibt es leider nur sehr wenige.

˙ Unter der Überschrift „Fraktion plant Maulkorb für Abgeordnete" berichtete die Süddeutsche Zeitung am 14.04.2012, dass die Fraktionen von Union, SPD und FDP das Rederecht ihrer Abgeordneten einschränken wollen. Es sollten nur noch von der Fraktion aufgestellte Redner zu Wort kommen. Abweichende Meinungen hätten keine Chance mehr.

Drei Tage später vermeldete Der Tagesspiegel, dass die großen Fraktionen vorerst auf die Beschränkungen verzichten – aufgrund der großen Empörung.

Einer der Gründe, warum nur noch ca. 50 % der Bevölkerung zur Wahl geht, ist, dass niemand mehr weiß, welche Partei sie wählen sollen, da alle etablierten Parteien sich nur noch marginal unterscheiden und bei ihren Entscheidungen hauptsächlich auf die nächste Wahl, auf die Lobbyisten und auf mögliche Koalitionspartner schielen. Das Volk wird permanent ignoriert: es wird nur alle 4 Jahre gebraucht für ein kleines Kreuz, das nichts verändert.

Auf diese Weise bleibt der Glaube an eine lebendige Demokratie komplett auf der Strecke.

Herr Steinmeier, ich schätze Sie als Mensch, aber politisch erwarte ich von Ihnen und Ihren Fraktionskollegen mehr. Und der Grund, warum ich seit 1997 den sogenannten Verantwortungsträgern in der Politik regelmäßig schreibe, ist, dass ich den Kindern und Enkeln auf deren Fragen, warum wir nichts gegen Überschuldung, Umweltlasten, Bankenkrisen (Rettungsschirme), unterlassene Reformen (z.B. Steuern) unternommen haben, immerhin meine Briefe vorlegen kann, auf die ich nur sehr selten eine Antwort bekomme, was die Ignoranz der Politiker einmal mehr bestätigt.

Mit freundlichen Grüßen

Anneliese Fischer-Husemeyer

Bundesministerium für FSFJ
Frau Dr. Kristina Schröder
Glinkastr. 24
10117 Berlin

Berlin, 15. Mai 2012

Ausbau von Kitaplätzen / Betreuungsgeld

Sehr geehrte Frau Dr. Schröder,

würden Sie mir bitte verraten, wie ausgerechnet Sie plötzlich darauf gekommen sind, dass es eventuell wichtig sein könnte, den Ausbau von Kitaplätzen voran zu treiben? Das ist wirklich erstaunlich, bisher war Ihnen nur das Betreuungsgeld wichtig!

Hat Ihnen vielleicht ein Kollege diskret mitgeteilt, dass es ab 2013 einen Anspruch auf einen Kitaplatz geben wird und dass die Anzahl der fehlenden Plätze sehr hoch ist?

Oder haben Sie jetzt endlich - nachdem Sie Ihr völlig überflüssiges Buch auf den Markt gebracht haben – Zeit, sich mit dem Thema Betreuungsgeld ernsthaft zu beschäftigen?

Aber vielleicht haben Sie auch mal zufällig den Deutschlandfunk gehört (das sollten Sie öfter tun!), in dem diverse Fachleute seit Monaten mehrfach dieses Thema erörtert und gefunden haben, dass in erster Linie in die Kitaplätze investiert werden sollte?

Wie auch immer, die Politiker hinken den Ansichten der Fachwelt und der Bürger permanent hinterher und - schlimmer noch – ignorieren sie einfach, und dann wundern sie sich auch noch über die um sich greifende Politikverdrossenheit und über den Zulauf der Piraten.

Sie, Frau Schröder, tragen Ihren Teil zu dieser Entwicklung bei. Man sollte einfach mal anfangen, die Bürger ernst zu nehmen.

Mit freundlichen Grüßen

Anneliese Fischer-Husemeyer

Frau
Dr. Angela Merkel
Bundeskanzleramt
Willy-Brandt-Str. 1
10557 Berlin

Berlin, 15. Juni 2012

Betreuungsgeld

Sehr geehrte Frau Merkel,

seit vielen Monaten wird das Thema Betreuungsgeld diskutiert.

Es steht inzwischen fest, dass zwei Drittel der Bevölkerung das Betreuungs-geld nicht will, sondern eine Investition in weitere Kitaplätze, kleinere Gruppen und die Qualifizierung der Erzieher befürworten würde. Zudem sind alle Fachleute, Experten, Verbände, Gewerkschaften etc. gegen das Betreuungsgeld. Dass auch viele Ihrer eigenen Parteifreunde da-gegen sind, spielt eher eine geringe Rolle, da Sie, Frau Merkel, bekannter Weise die Eigenschaft haben, die „Abweichler" in die Spur zu zwingen.

Bestes Beispiel dafür ist die Wahl des Bundespräsidenten vor zwei Jah-ren. Auch da waren zwei Drittel der Bevölkerung für Gauck. Aber was kümmert Sie das Volk? Sie haben Wulf durchgeboxt, in einer sogenann-ten „freien und geheimen" Wahl. Man könnte fast behaupten, dass Sie persönlich den Steuerzahlern jedes Jahr mit 500.000 Euro auf der Tasche liegen, da uns Wulf erspart geblieben wäre, wenn die Wahl wirklich frei und geheim gewesen wäre und man dem Wunsch der Bevölkerung ent-sprochen hätte.

Zu dem oben genannten Thema habe ich sowohl Ihnen als auch Ihrer Mi-nisterin Frau Schröder mehrfach geschrieben. Sie, Frau Merkel, zeichnen sich in Ihrer Ignoranz gegenüber dem Volk auch dadurch aus, dass Sie meine Schreiben (seit 2007 sieben Briefe) regelmäßig unbeantwortet gelassen haben. Da stehen Sie mit dem Altkanzler Schröder in einer Reihe; die Herren Brüderle und Schäuble jedenfalls nehmen meine schriftlichen Anmerkungen sehr ernst und lassen meine Briefe beantworten.

Das Gesetz zum Betreuungsgeld wird also kommen, und wir alle werden wissen, dass es nicht für uns gemacht worden ist, sondern lediglich, um den Koalitionsfrieden mit der CSU zu wahren.

Sie sollten sich bewusst sein, dass der Anteil der Nichtwähler zunimmt, und dass der Anspruch der etablierten Parteien, eine Volkspartei zu sein, keine Grundlage mehr hat. Sie sollten sich gelegentlich Gedanken über die zunehmende Politikverdrossenheit und über den Zulauf der Piraten machen.

Mit freundlichen Grüßen

Anneliese Fischer-Husemeyer

Bundeskanzleramt

Bundeskanzleramt, 11012 Berlin

Frau
Anneliese Fischer-Husemeyer

Berlin

Referat 332

HAUSANSCHRIFT Willy-Brandt-Straße 1, 10557 Berlin
POSTANSCHRIFT 11012 Berlin

TEL +49 (0) 30 18 400-2333
FAX +49 (0) 30 18 400-2357

AZ 332 - K – 202 328/12/0004

Berlin, 28. Juni 2012

Sehr geehrte Frau Fischer-Husemeyer,

Bundeskanzlerin Dr. Angela Merkel hat mich gebeten, Ihnen für Ihr Schreiben vom 15. Juni 2012 zu danken.

Ihre Ausführungen und Ihre engagierten Bewertungen zum Betreuungsgeld wurden hier aufmerksam aufgenommen. Die Bundeskanzlerin wird regelmäßig selbst über die aus den Briefen hervorgehenden Meinungen, Anregungen und Anliegen der Bürger unterrichtet. Dadurch ist sie in der Lage, unmittelbar und unverfälscht zu erfahren, wie bestimmte Maßnahmen der Bundesregierung von einzelnen Bürgern beurteilt werden. Sie dürfen daher auch sicher sein, dass Ihre Ausführungen und Anregungen zum Betreuungsgeld nicht unbeachtet bleiben und soweit wie möglich in den umfassenden Diskussionsprozess der Bundesregierung einfließen.

Mit freundlichen Grüßen
Im Auftrag

Gabriele Aßmann

Frau
Dr. Angela Merkel
Bundeskanzleramt
Willy-Brandt-Str. 1
10557 Berlin

Berlin, 26.12. 2012

Jahresbilanz 2012

Sehr geehrte Frau Bundeskanzlerin,

oder sollte ich Sie vielleicht besser als Frau Staatsratsvorsitzende anreden, nachdem ich Ihre Rede vor dem Parteitag in Hannover gehört habe? „... Es gab keine bessere Regierung seit Kanzler Adenauer....?"

Die Erinnerungen an die Reden von dem großen Vorsitzenden in der damaligen DDR vor mehr als 20 Jahren - bevor das Land implodiert ist - sind noch nicht verblasst.

Vielleicht könnte man Ihnen ja zujubeln, wenn man nicht wüsste, dass:

– die Schere zwischen Arm und Reich unglaublich weiter auseinander gegangen ist

– die Rentenarmut weiter zugenommen hat und weiter zunehmen wird (ich gehöre mit 537 € Rente dazu, aber ich gehe ja noch putzen!)

– es Kinderarmut in einem Land gibt, dass „Exportweltmeister" ist

– die Schulen in einem katastrophalen Zustand sind

– die Unis überfüllt sind und wenig Mittel haben

– jeder 10 Schüler ohne Abschluss die Schule verlässt und in der Sozialhilfe landet

– wir in der OECD-Bildungsstudie nur einen mittleren Platz einnehmen

– der Armutsbericht von der Regierung geschönt wurde (15 % gelten als arm!)

– die Rettungsschirme nicht mehr überschaubar sind und – trotz aller Versprechungen – die Bürger (Kinder und Enkel) die Rechnungen werden bezahlen müssen

– die Energiewende ausschließlich von den Verbrauchern gezahlt werden wird

– hinter dem niedrigen Arbeitlosenstand ein immer größeres Heer von prekären Arbeitsverhältnissen und Niedriglohnjobs steckt, die aufgestockt werden müssen

– es keine nennenswerte Rentenreform gab und wohl auch nicht geben wird

– es keine grundlegende gerechte Steuerreform gab und ebenso wenig geben wird

Was in Erinnerung bleibt:

– Die Steuererleichterung für die Hoteliers (kostet jährlich ca. 1-2 Milliarden)

– Das Betreuungsgeld, das außer Ihrem Koalitionspartner niemand wollte – auch nicht der Rat der Weisen – (kostet jährlich ca. 1-2 Milliarden)

Und Herr Rösler will Bundeseigentum (gehört das ihm?) verkaufen, um diese Milliarden, die sinnlos ausgeben werden, wieder herein zu holen!

Aber: „Mutti Merkel" wird 2013 wieder gewählt werden, und zwar nicht wegen ihrer guten Politik, sondern trotz ihrer schlechten Politik. Der Grund: es gibt kaum mehr eine Alternative und das wird der Untergang unserer Demokratie werden.

Auch diesen Brief - wie viele andere an die sogenannten Volksvertreter, die niemanden mehr vertreten - werde ich meinen Kindern und Enkeln hinterlassen,

Mit freundlichen Grüßen

Anneliese Fischer-Husemeyer

Der Regierende Bürgermeister von Berlin
- Senatskanzlei -
Jüdenstrasse 1
10178 Berlin

Berlin, 10. Januar 2013

Flughafendesaster des „Willy BRANDTSCHUTZ" Flughafens

Sehr geehrter Herr Wowereit,

es gibt sicher ganz viele Menschen in Berlin, die sich darüber freuen, dass der Termin der Eröffnung des Flughafens auf eine unbestimmte Zeit in die Zukunft verschoben wird, weil sie bis dahin vom Fluglärm verschont bleiben werden.

Aber auch diese Mitbürger werden die immensen Kosten der Verlängerung der Bauzeit, verursacht durch Planlosigkeit, Misswirtschaft und Verantwortungslosigkeit mittragen müssen. Die Steuerzahler werden mal wieder herangezogen, auch wenn sie diese Kosten nicht verursacht haben. Steuerzahler? Das sind doch diese putzigen Menschen, die von ihrer eigenen Arbeit – zum Teil in Niedriglohnjobs – leben müssen.

Meinen Sie wirklich, dass es genügt, den Aufsichtsratsposten abzugeben, in dem die Worte „Aufsicht" und „Rat" stecken? Das Wort „Posten" ist sicher das wichtigste Wort in diesem Zusammenhang. Auch wenn die SPD geschlossen hinter ihnen steht, die Bürger tun es nicht, die sich sowie kaum noch von den sogenannten „Volksvertretern" vertreten fühlen, ob in Berlin oder bundesweit.

Ihr größter Fehler, Herr Wowereit, ist, dass Sie nicht merken, wann die Party vorbei ist.

Und wenn Ihnen nach wie vor danach ist, zu grinsen, dann tun Sie das bitte in Zukunft – wenn es denn eine Zukunft politisch für Sie geben sollte

– vor Ihrem Badezimmerspiegel. Wir haben Ihren gnadenlosen Zynismus satt!

Mit den besten Grüßen

Anneliese Fischer-Husemeyer

Bundesministerium für Arbeit und Soziales
Frau von der Leyen
Wilhelmstr. 49
10117 Berlin

Berlin, 8. März 2013

Armuts- und Reichtumsbericht

Sehr geehrte Frau Bundesministerin,

Bravo, Frau von der Leyen, das war wieder eine grandiose Vorstellung von Ihnen.

Sie sind als Hofschauspielerin des Theaters, das sich „Regierung" nennt, wahrlich unschlagbar.

Ihre Mimik, Ihre Gestik, Ihr Duktus: sehr beeindruckend. Dass das Drehbuch diesmal nicht von Ihnen selbst geschrieben wurde und ein Paar „Schönheitskorrekturen" darin vorgenommen wurden: wen interessiert das?

Die Menschen, die in diesem Land zur einen Hälfte der sogenannten Schere gehören, schaut diesem Theater sowieso nicht mehr zu, da sie ein gutes Gespür dafür haben, dass niemand sie mehr ernsthaft vertritt. Und die Menschen, die zur anderen, sonnigen Hälfte der Schere gehören, zu der Sie, Ihre „Schauspielerkollegen" und noch viele mehr, denen die Börsenkurse wichtiger sind als der Nachbar, lehnen sich nach oben genannten Bericht entspannt zurück: es ist doch alles in schönster Ordnung!

Auch bei der Inszenierung der Drehbücher, die Sie selber geschrieben haben „Bildungsgutschein" (Bürokratischer Schwachsinn) und der sogenannten „Lebensleistungsrente" (purer Zynismus) haben Sie sich als begnadete Hofschauspielerin wieder außerordentlich hervorgetan.

Egal, ob Sie ein schauspielerisches Naturtalent sind oder ob Sie Schau-spielunterricht genommen haben: ich möchte Ihnen hiermit meine Be-wunderung für Ihr außerordentliches Talent bekunden.

Ich würde es allerdings vorziehen, wenn Sie dieses in einem richtigen The-ater anwenden würden, und wir Politiker bekämen, die sich ernsthaft, nachhaltig und weitsichtig um die Menschen in diesem reichen Land kümmern, denen es nachweislich nicht gut geht.

In diesem Sinne verbleibe ich
mit freundlichen Grüßen

Anneliese Fischer-Husemeyer

Frau
Dr. Angela Merkel
Bundeskanzleramt
Willy-Brandt-Str. 1
10557 Berlin

Berlin, 13. März 2013

Ich stelle fest....

Sehr geehrte Frau Bundeskanzlerin,

Ich stelle fest:

1. es bedarf einer unglaublichen Umweltkatastrophe in Japan, bis Sie einen schwindelerregenden Schwenk in Richtung Energiewende machen, deren Umsetzung allerdings mangelhaft ist

2. es bedarf diverser Urteile des Bundesverfassungsgerichts, bis Sie anfangen darüber zu diskutieren, Partnerschaften von Schwulen und Lesben gesetzlich gleichzustellen

3. es bedarf eines Referendums in der Schweiz, damit Sie plötzlich anfangen, die mehr als unanständigen Gehälter, Boni und sonstigen Zuschläge in Millionenhöhe von Vorständen zu diskutieren

Bei allen oben genannten Punkten waren und sind die Bürger mehrheitlich (sagen wir mal ca. 60 %) in ihrer Meinung fortschrittlicher. Sie und Ihre Regierung mitsamt Ihrer bayrischen Trachtentruppe (CSU) trippeln also ständig dem gesunden Menschenverstand der Mehrheit des Volkes hinterher.

Sie werden jetzt vielleicht sagen, dass ca. 40 % zur Zeit die CDU wählen würden. Das ist richtig, aber diese Menschen, die beharrlich die CDU wählen – egal was passiert -, sitzen vermutlich regelmäßig samstags vor dem Fernseher und schauen sich das Blödprogramm in der ARD an.

Das bedarf keiner weiteren Kommentare!

Auch diesen Brief - wie viele andere an die sogenannten Volksvertreter - werde ich meinen Kindern und Enkeln hinterlassen,

Mit freundlichen Grüßen

Anneliese Fischer-Husemeyer

Bundesministerium für Arbeit und Soziales
Frau von der Leyen
Wilhelmstr. 49
10117 Berlin

Berlin, 15. August 2013

Zunahme Minijobs bei Festangestellten.

Sehr geehrte Frau Bundesministerin,

was Sie da letztens zu diesem Thema von sich gegeben haben, ist mehr als zynisch; es beweist einmal mehr, wie weit sich die sogenannten „Verantwortungsträger" von den Realitäten entfernt haben.

Ich befinde mich zwar nicht mehr in einem festen Arbeitsverhältnis, aber ich bin Rentnerin mit einer Rente von 533 Euro. Bis vor kurzem hatte ich noch einen Minijob, den ich aus gesundheitlichen Gründen nicht mehr machen kann. Und glauben Sie mir, den Minijob hatte ich natürlich nur, weil ich trotz meiner „üppigen" Rente noch mehr konsumieren wollte.

Vielleicht sollte Ihnen mal jemand mitteilen, dass in ganz Europa Deutschland das Land ist mit der größten Anzahl an Niedriglohnjobs. Es wird also durch Ihre Regierung ein Heer von ganz armen Rentnern produziert. Aber ich sehe niemanden in der Regierung, den das ernsthaft berührt.

Mit freundlichen Grüßen

Anneliese Fischer-Husemeyer

Bundesministerium für Arbeit und Soziales, 11017 Berlin

	REFERAT	IVa 2
	BEARBEITET VON	Andreas Weigel
	HAUSANSCHRIFT	Wilhelmstraße 49, 10117 Berlin
	POSTANSCHRIFT	11017 Berlin
	TEL	+49 30 18 527-2950
	FAX	+49 30 18 527-1928
	E-MAIL	iva2@bmas.bund.de
	INTERNET	www.bmas.de

Frau
Anneliese Fischer-Husemeyer

Berlin

Berlin, 25. September 2013
AZ   IVa2-96-Fischer-Husemeyer/13

Ihr Schreiben vom 15. August 2013 - Minijobs

Sehr geehrte Frau Fischer-Husemeyer,

ich danke Ihnen für Ihr o.g. Schreiben an Frau Bundesministerin Dr. Ursula von der Leyen und die darin enthaltenen Hinweise zu den geringfügigen Beschäftigungen. Ich wurde gebeten, Ihnen zu antworten und möchte voranstellen, dass das Bundesministerium für Arbeit und Soziales weder in Einzelfällen beratend tätig werden noch Rechtsauskünfte erteilen darf. Allgemein kann ich Ihnen aber Folgendes mitteilen:

Die Bundesregierung beobachtet die Entwicklungen des deutschen Arbeitsmarktes und auch insbesondere zu den geringfügigen Beschäftigungen (sogenannte Minijobs) sehr genau.

Geringfügig entlohnte Beschäftigungen sind regelmäßig nicht darauf ausgerichtet, den Lebensunterhalt vollständig zu sichern. Häufig entspricht jedoch eine geringfügig entlohnte Beschäftigung sowohl dem Bedarf von Arbeitnehmerinnen und Arbeitnehmern als auch von Arbeitgebern, indem sie für Unternehmen die Flexibilität erhöht und den Beschäftigten Hinzuverdienstmöglichkeiten mit vergleichsweise geringen Abzügen bei Einkommensteuer und Sozialversicherungsbeiträgen bietet. Diese Beschäftigungsform ist gerade auch aus diesen Gründen durchaus breit akzeptiert und wird daher in größerer Zahl genutzt.

Eine allgemeine Verdrängung von Vollzeitbeschäftigungen durch geringfügige Beschäftigungen ist - anders als vielfach behauptet - in der Gesamtbetrachtung nicht feststellbar. Die Zahl der geringfügigen Beschäftigungen ist in den vergangenen Jahren nach den Statistiken der Bundesagentur für Arbeit zwar gestiegen, dieser Anstieg beruht aber nahezu ausschließlich auf im Nebenerwerb neben einer weiteren Hauptbeschäftigung ausgeübten geringfügigen Beschäftigungen. Die Zahl der ausschließlich geringfügig Beschäftigten hat sich von 2004 (Juni) bis 2012 (Juni) nur um rund 0,6 Prozent erhöht und liegt derzeit bei rund 4,8 Mio. Personen. Im gleichen Zeitraum entwickelte sich die Zahl der im Nebenjob geringfügig entlohnt Beschäftigten deutlich anders: Sie stieg von rund 1,7 Mio. Personen um etwa 55 Prozent auf rund 2,6 Mio. Personen. Darüber hinaus ist die Zahl der in Vollzeit ausgeübten Beschäftigungen in den letzten Jahren stetig und deutlich erkennbar gestiegen. Waren im Jahr 2004 (Juni) noch 22,2 Mio. Personen in Vollzeit beschäftigt, so erhöhte sich die Zahl um rund 2,2 Prozent auf knapp 22,7 Mio. im Jahr 2011 (Juni).

Ungeachtet dieser Erkenntnisse wird die Bundesregierung auch weiterhin die Entwicklungen der Lebens-, Einkommens- und Arbeitsbedingungen von Arbeitnehmerinnen und Arbeitnehmern sowie Rentnerinnen und Rentnern im Auge behalten.

Mit freundlichen Grüßen
Im Auftrag

Andreas Weigel

Frau
Dr. Angela Merkel
Bundeskanzleramt
Willy-Brandt-Str. 1
10557 Berlin

Berlin, 20. August 2013

Vor der Wahl im September 2013

Sehr geehrte Frau Bundeskanzlerin,

eigentlich hatte ich mich entschlossen, Ihnen nicht mehr zu schreiben, da ich eingesehen habe, dass es sinnlos ist. Warum sollten Sie meine Meinung wahrnehmen, wenn Sie die Ratschläge vieler Fachleute und Wissenschaftler regelmäßig ignorieren.

Ein Kommentar im Deutschlandfunk am 17.08.: .."Angela Merkel verspricht, zögert, es passiert nichts". Das ist treffend formuliert! Die Bilanz Ihrer Politik der letzten Jahre ist erschreckend.

Nur ein Bespiel: die Deutsche Bahn. Wir müssen wohl nicht befürchten, dass die Terroristen – wie die NSA gewarnt hat – gerade in Deutschland einen Anschlag auf Schnellzüge planen könnte: wo keine Züge fahren und wenn, dann verspätet, ist es wohl schwer, einen Anschlag vorzubereiten. Dies ist der einzige positive Aspekt der gnadenlosen Einsparungen bei der Bahn während der letzten Jahre.

Dass Ihre Popularität immer noch so hoch ist, sollten Sie darauf zurückführen, dass die Deutschen keine Veränderungen mögen; sie richten sich in ihren Schrebergärten ein und möchten nicht gestört werden. Dadurch, dass Sie einzig darin gut sind, nicht zu handeln, stören Sie natürlich niemanden: nicht die Kleinbürger, nicht die Banken, nicht die Unternehmen. Aber Sie, Frau Merkel, profitieren z.B. immer noch vom Handeln und den unbeliebten Reformen von Kanzler Schröder.

Sie lullen alle ein in einen seligen Schlaf, man könnte sogar sagen, dass Ihre spezielle Art narkotisierend wirkt. (Gehe ich richtig in der Annahme, dass es in Deutschland ein Betäubungsmittelgesetz gibt?) Aber es kommt dermaleinst der Tag, wo „Mutti" nicht mehr regiert, und dann werden sich alle die Augen reiben und sich wiederfinden in einem Land, das nicht mehr weit entfernt ist von Dritte-Welt-Zuständen: marode Infrastrukturen, laut OECD-Studie sehr mittelmäßige Bildungserfolge, Kinder-, Rentner- und sogar Arbeitsarmut, Schulden ohne Ende sowieso...,

Wie immer mit freundlichen Grüßen

Anneliese Fischer-Husemeyer

Bundesministerium für Arbeit und Soziales
Frau Andrea Nahles
Wilhelmstr. 49
10117 Berlin

Berlin, 7. Februar 2014

Reformen: Rente mit 63, Mütterrente

Sehr geehrte Frau Bundesministerin Nahles,

wofür macht die Industrie in der Regel Werbung? Ja, sogar Sie werden es erraten können: für ein Produkt, das gewinnbringend verkauft werden soll, obwohl dessen Nutzen umstritten ist.

Die Rechnung für die Werbung für diese zwei Polit-Produkte (1,5 Mio), die Sie uns verkaufen möchten, werden die jetzigen Steuerzahler bezahlen müssen: alle nachfolgenden offenen Rechnungen für sinnlose Gesetze (siehe Betreuungsgeld) überlassen die sogenannten Verantwortungsträger gerne den zukünftigen Generationen. Es erstaunt mich daher nicht, mit welch einer Leichtigkeit Sie diese Gesetze auf den Weg bringen, deren Lasten die Kinder und Enkel zu tragen haben. Sie platzen ja geradezu vor Stolz in Ihrer neuen Funktion und über die, von Ihnen auf den Weg gebrachten, neuen Gesetze, die übrigens nicht nur von der Presse, sondern auch von der Fachwelt durchweg negativ kommentiert wurden. Hier nur ein Beitrag der Presse:

„Dummheit und Stolz wachsen auf dem gleichen Holz."

Mir wird regelmäßig übel, wenn ich an die Zukunft unserer Kinder und Enkel denke, auf deren Kosten wir alle schon lange leben. Das scheint niemanden in der Politik ernsthaft zu interessieren. Sie und alle anderen Beamten zahlen ja nicht in die Rentenkasse ein (das ist politisch so gewollt und wird ganz sicher von Beamten nicht geändert werden!).

Abgesehen von Frau Merkel, mit der es seit vielen Jahren einen lähmenden politischen Stillstand gegeben hat, den Sie vor einigen Monaten als Oppositionspartei noch kritisiert haben und zu deren inhaltsleeren und einschläfernden Rede Sie alle kürzlich applaudiert haben, gibt es ja noch in diesem Sandkasten der Macht den Westentaschen-Terminator der Bayrischen Trachtentruppe, mit dem Sie jetzt Seite an Seite sitzen. Also, willkommen im Sandkasten der Macht! Glauben Sie wirklich, dass es noch jemanden gibt, der dieses Theater ernst nimmt?

Der soziale **FRIEDE** ist Vergangenheit, die **FREUDE** ist verloren und den **EIER-KUCHEN** verspeisen Sie bitte mit Frau Merkel und Herrn Seehofer alleine. Uns ist der Appetit gründlich vergangen!

Sie sollten wissen, warum ich seit 1997 den sogenannten Verantwortungsträgern persönliche Briefe schreibe. Weil unsere Kinder und Enkel uns irgendwann fragen werden, warum wir Ihnen diese Welt hinterlassen haben:

– Schulden ohne Ende

– marode Infrastrukturen,

– ein Schulsystem, das jeden 7. Schüler ohne Abschluss in die Sozialhilfe entlässt

– eine ständig auseinandergehende Schere zwischen Arm und Reich

Diese Liste könnte ich ohne Ende erweitern, aber es ist ganz offensichtlich, dass die Meinung der Bürger nur alle vier Jahre wichtig ist: für das Kreuz,

Ich möchte Sie herzlich bitten, mir keine vorgestanzte Antwort auf meinen Brief zu senden. Ich wäre allerdings bereit, mich mit Ihnen persönlich auseinander zu setzten.

Mit freundlichen Grüßen

Anneliese Fischer-Husemeyer

Herrn
Dr. Wolfgang Schäuble
Bundestagsbüro
Platz der Republik 1
11011 Berlin

Berlin, 22.07.2015

Deutschland - Griechenland - Europa

Sehr geehrter Herr Dr. Schäuble,

Sie sollten sich einmal die Zeit nehmen, das Land, von dem man den Eindruck gewinnen könnte, es sei jetzt eine deutsche Kolonie, zu besuchen. Griechenland ist nicht nur ein schönes Land, es leben dort auch ausgesprochen gastfreundliche Menschen, wie ich im Mai erleben durfte.

Aber Sie werden sicher kaum Zeit dafür finden, da Sie von einem Gipfel zum anderen hasten, so dass man meinen könnte, Sie seien auf der Flucht vor den vielen ewig unangetasteten großen Aufgabenfeldern im eigenen Land. Und dann sind da noch die 240 Paternoster, die das Volk bedrohen...

Sonst gibt es bei uns keine Probleme, außer vielleicht, dass überall im Ländle Straßen, Brücken, Schleusen, Schulen und Universitäten vor sich hin bröckeln.

Aber das scheint unsere Volksvertreter wenig zu tangieren. Die Steuern sprudeln zwar, aber für die Infrastruktur ist seit langem kein Geld vorhanden. Diese Situation entwickelt sich außerdem langsam zu einer Gefahr für den Investitionsstandort Deutschland.

Wir haben einen bedrohlichen Lehrermangel und einen sehr hohen Krankenstand, wodurch unverantwortlich viele Stunden ausfallen. Inzwischen verlässt jeder siebte Schüler die Schule ohne Abschluss. Ist aber kein Thema. Themen wie „Maut" und „Paternoster" genießen dagegen absolute Priorität. Mit dem unsinnigen „Betreuungsgeld", das jetzt vom Bundesverfassungsgericht gekippt wurde, hat sich das Parlament z.B. ca. ein Jahr lang befasst.

Statt Investitionen in Schule und Bildung gibt es inzwischen immer mehr Privatschulen mit optimalen Bedingungen, in denen die zukünftigen Verantwortungsträger auf ihre Rolle – sich um die Vermehrung des eigenen Vermögens und das ihrer Klientel zu kümmern – vorbereitet werden.

Bei dem Mangel an Richtern ist eine gründliche Aktendurchsicht kaum mehr möglich, so dass man sich vorab nicht selten auf einen Vergleich einigt; und wenn man richtig viel Geld veruntreut hat, z.B. bei einer großen Bank, kann man sicher sein, dass es auf eine harmlose Bewährungsstrafe hinausläuft. Das stärkt ungemein das Vertrauen in die deutsche Gerichtsbarkeit.

Mit dem Abbau von Polizeidienstkräften geht eine Zunahme von Diebstählen und Einbrüchen und eine Abnahme der Aufklärungsrate einher. Es ist überraschend, dass es da einen Zusammenhang gibt. Die Bundesregierung hat mit dem Vorschlag geglänzt, den Eigenheimbesitzern die Investition in eine Einbruchsicherung zu subventionieren. Das funktioniert nach dem Prinzip „den Pullover oben aufribbeln und unten weiter stricken". Klug ist das nicht, aber so funktioniert Politik.

Ein erheblicher Mangel an Finanzbeamten führt dazu, dass Steuererklärungen durchgereicht werden, und zwar auffällig häufig bei den wohlhabenden Einreichern.

Es gäbe noch endlos viele Felder, die beackert werden müssten wie Steuern, Renten, Gesundheitswesen, Kinderarmut, Bildung, Zustand der Bundeswehr, Steueroasen, Korruption, Pfusch beim Bau (BER) etc. Seit der Zeit von Schröder ist bei den nachfolgenden Regierungen kein ernsthafter Reformwille mehr zu erkennen.

Nicht wahr, Herr Schäuble, es ist doch viel praktischer, andere dazu zu zwingen (z.B. Griechenland), in ihrem Hause aufzuräumen, als selber den Besen in die Hand zu nehmen und vor der eigenen Türe zu kehren.

Fazit: Deutschland hat eine schillernde Fassade, dahinter bröckelt es! Armes Deutschland, reiches Land!

Und nun zu Europa:

Ungarn, Bulgarien, Rumänien und Griechenland

hätten z.B. nicht in die EU (bzw. in die Eurozone) aufgenommen werden sollen. Wo war denn da die „Schufa"? Bei jedem Privat-Kredit jedenfalls wird vorher Auskunft eingeholt.

Das war also reiner politischer Wille, nicht unbedingt immer identisch mit dem Willen der Bürger. Europa= immer größer= immer besser=immer sicherer. Diese Formel geht nicht auf.

In Italien z.B. floriert und regiert eine Parallelwirtschaft, Mafia genannt; und Berlusconi hat zu seiner Zeit autokratisch regiert, zum eigenen Vorteil Gesetze erlassen, Euro-Rechte gebrochen und die Presse weitgehend gleichgeschaltet, weil sie ihm gehört. Kurz: ein „ehrenwertes" Mitglied der EU!

In Frankreich wird es u.U. eine rechtsorientierte Regierung geben. Die alten Parteien haben offenbar keine Antworten mehr auf dringende Fragen.

England ist nicht Mitglied im Euro-Raum und würde gerne ganz austreten aus der EU.

Im Übrigen sind durchweg alle Mitgliedsstaaten (nicht nur Griechenland) hoch verschuldet. In ganz Europa gibt es Millionen junger Menschen ohne jegliche Zukunftsperspektive, eine verlorene Generation. Auch das ist ein Ergebnis Ihrer knallharten Sparpolitik. Aber Menschen sind ja nicht systemrelevant.

Ist dies das Europa, das man uns „verkaufen" will und für das wir bis in die nächsten Generationen bürgen sollen?

Nein, das ist kein Europa für die Bürger. Es ist ein Europa der Wirtschaft, der Banken, der Großkonzerne, die alle legalen Steuer-Schlupflöcher (die natürlich nicht gestopft werden), nutzen, um fast keine Steuern zahlen zu müssen. Verluste werden selbstverständlich sozialisiert. Der Gedanke an den

Erhalt der zivilen Gesellschaft ist ihnen weitgehen fremd geworden. Mit einer Solidargemeinschaft hat das nichts mehr zu tun.

Die so genannten Architekten des „Hauses Europa" haben in der Vergangenheit (und auch jetzt noch) viele Fehler gemacht. Sie haben nicht bedacht, dass ein solides Fundament Voraussetzung ist für den weiteren Aufbau. Es wurde wild und nahezu unkontrolliert drauflosgebaut, die Bürger im eigenen Land natürlich nicht gefragt. Jetzt zeigen sich die Risse überall, die Krise ist zum Dauerthema geworden.

Es gibt als Lösung nur noch ein Mantra: Rettungsschirme und Sparpolitik!

Jeder halbwegs intelligente Wirtschaftswissenschaftler weiß, dass Sparen kein Wachstum generiert.

Und mit den Milliarden der Rettungsschirme sind größtenteils die großen Banken – auch die Deutsche Bank - gerettet worden.

Wir alle und die zukünftigen Generationen haften also ungefragt für die gravierenden Fehler der Verantwortungsträger, von denen niemand ernsthaft Verantwortung übernimmt.

Griechenland z.B. hat nach Rettungspaketen und strikter Sparpolitik mehr Schulden, mehr Arbeitslose, mehr Armut und auch mehr Reiche als vor 5 Jahren.

Und das, Herr Schäuble, wird sich, dank Ihrer starren Politik, weiter verschärfen. Ich bin sicher, dass Sie zwischen Ihrer Politik und der Situation in Griechenland keinerlei Zusammenhänge erkennen wollen. Nie würden Sie zugeben, dass Ihre Politik gescheitert ist. Natürlich ist der böse und vor allem linke Tsipras an allem schuld!

Es ist erschreckend, zu sehen, wie wenig Respekt dem griechischen Volk entgegengebracht wird, das demokratisch eine Regierung gewählt hat, allerdings eine linke. Das könnte der Knackpunkt sein.

Sie, Herr Schäuble, werden durch Ihre Haltung, Ihre Politik und Ihre Äußerungen in die Geschichte eingehen als derjenige, der den Anfang vom Ende der EU eingeläutet hat. Sie haben sozusagen den ersten Stein aus dem eh nicht stabilen Fundament gelöst.

Herr Schäuble, wie wäre es denn mit „einem temporären Austritt" aus der Politik? Ihre Zeit ist „over"!

Mit freundlichen Grüßen

Anneliese Fischer-Husemeyer

P.S. Ich bin 67, Rentnerin mit einer kleinen Rente. Wenn Ihnen diese Selbstauskunft nicht reichen sollte, stehen Ihnen ja die Dienste der effizienten (gilt nicht so sehr bei Rechtsextremismus) Überwachungsorgane zu Verfügung.

Bundeskanzleramt
Frau Bundeskanzlerin Angela Merkel
Willy-Brandt-Str. 1
10557 Berlin

Berlin, 18. September 2016

„Wir schaffen das"

Sehr geehrte Frau Bundeskanzlerin,

Wer ist „Wir" und was ist „das", und vor allem wie?

ja, wir, die Bürger, schaffen es seit etlichen Jahren, hin zu nehmen, dass unsere Kinder in sanierungsbedürftige Schulen gehen müssen, dass Straßen, Gehwege, Brücken, Schleusen, Gleise etc.in diesem ach so reichen Land in einem z.T. katastrophalen Zustand sind.

Wir hören und spüren, dass Personal und Mittel fehlen in den Schulen, bei der Polizei, bei der Bundeswehr, in den Behörden, in den Finanzämtern, an den Gerichten – quasi überall, und wir schaffen es, uns an diese offensichtlich dauerhaften Zustände zu gewöhnen.

Wir wissen, dass es in Deutschland acht Millionen Analphabeten gibt und zwei Millionen Menschen zwischen 20 und 34 Jahren, die keinerlei Ausbildung haben. Jeder 7. Schüler verlässt die Schule ohne Abschluss, und der Anteil der Bevölkerung (14,7 %), der von Armut bedroht ist, steigt seit 2005.

Auch folgende Tatsachen bringen uns kaum noch aus der Fassung: dass die Deutsche Bank Briefkastenfirmen vermittelt und mit faulen Papieren gehandelt hat; dass VW mit einem Abgasskandal brilliert und dass Korruption zum Tagesgeschäft gehört.

Während Konzerne und Unternehmen mit Hilfe teurer Steuerberatungsbüros alle legalen Schlupflöcher, die nicht gestopft werden, nutzen um Steuerzahlungen zu vermeiden, fahren wir über Schlaglöcher, die nicht geflickt werden, da dafür Steuergelder fehlen. Auf einige Baustellennews (BER, BND etc.) reagiert man inzwischen nur noch mit Ironie oder Sarkasmus.

Wir reiben uns die Augen und fragen uns immer wieder: wo leben wir eigentlich? Aber wir schaffen es dennoch, unseren Alltag zu bewältigen, allerdings zunehmend mit einem Gefühl von Frust, Ärger, Ohnmacht und auch Ängsten vor der Zukunft

In diese Stimmung hinein, Frau Bundeskanzlerin, laden Sie eine Millionen Menschen zu Tisch ohne jemanden zu fragen, ohne erkennbare Einlasskontrolle. Sie haben weder diejenigen gefragt, die schon am Tisch sitzen, noch Ihre Kollegen und Nachbarn. Und die Rechnung werden – einmal mehr - die schlecht bezahlten Köche und Kellner und deren Kinder bezahlen.

Und nun? Nach der Bankenkrise, der Euro- und Europakrise haben wir jetzt eine neue Krise: die Flüchtlingskrise. Man hat den Eindruck, dass die Politik nur noch mit der Bewältigung der Probleme beschäftigt ist, an deren Entstehung sie selber beteiligt ist.

Das Vertrauen vieler Bürger schwindet und es haben sich Ängste entwickelt bei denjenigen, die nicht von der glitzernden Fassade Deutschlands beschienen werden, bei den „Abgehängten", die erleben, dass dieses reiche Land wenig für sie übrig hat. Dazu gehören z.B. Hartz IV-Empfänger, Arbeitslose ohne Perspektive und Millionen Menschen, die in Teilzeit oder mit Minijobs arbeiten ohne Aussicht auf eine nennenswerte Rente. Die Liste ist lang und Viele gehen seit Jahren nicht mehr zur Wahl, weil sie keine Lobby haben und sich von niemandem vertreten fühlen.

Da tut sich rechts um die Ecke eine Alternative auf…!

Und was machen die Vertreter der etablierten Parteien? Sie erwachen aus ihrem Dämmerschlaf, reiben sich die Augen, beschimpfen sich gegenseitig und verhalten sich wie Kinder im Sandkasten.

Ich bin im Zweifel darüber, ob dieses Bild das verloren gegangene Vertrauen in die Politik wieder herstellen kann.

Mit freundlichen Grüßen

Anneliese Fischer-Husemeyer

Berlin, 22.09.2016

Nachtrag nach Ihrer Rede vom 19. September 2016

Ihre Rede, Frau Bundeskanzlerin, war respektabel, aber Ihre Einsichten, für die Sie offenbar die Ergebnisse der beiden Landtagswahlen benötigt haben, kommen sehr spät. Die Geister, die niemand wollte und keiner will, sind aus der Flasche, und „Balkonreden" werden wenig dagegen ausrichten.

Bundeskanzleramt
Frau Bundeskanzlerin Angela Merkel
Willy-Brandt-Str. 1
10557 Berlin

Berlin, 15. Oktober 2017

Nachlese Bundestagswahl 24. September 2017

Sehr geehrte Frau Bundeskanzlerin,

Papst Benedikt sprach vor ein paar Tagen über ..."die Überheblichkeit der Technokratie der Exekutive". Diese höchste Instanz hat es auf den Punkt gebracht!

Kurz nach der Wahl haben Sie geäußert, dass Sie keinerlei Fehler in Ihrem Wahlkampf erkennen können.

Ihr Slogan hieß: "Für ein Deutschland, in dem alle gut (Verdienenden) gerne leben". Ich habe ihn den Realitäten entsprechend abgeändert.

Sie haben die gute Wirtschaftslage gelobt und die niedrige Zahl der Arbeitslosen gefeiert (übrigens nicht Ihr Verdienst!). Dass Deutschland mit der Anzahl prekärer Arbeitsverhältnisse einen Spitzenplatz in Europa einnimmt, kommt bei den Wählern sicher nicht gut an, nicht wahr? Es gibt außer den 2,5 Mill. offiziellen Arbeitslosen noch 3,5 Mill. sogenannte „Unterbeschäftigte", die zwar arbeitslos sind, aber wegen Maßnahmen, Krankheit, Urlaub oder 1-Euro-Job aus der offiziellen Statistik herausgerechnet werden. Das ist sozusagen die „Bad Bank" der Agentur für Arbeit. Hinter dieser Zahl „verbergen" sich außerdem die vielen Menschen, die trotz Arbeit Hartz IV-Leistungen beziehen. Seriosität sieht anders aus.

Mit vor sich hin bröckelnden Schulen, Straßen, Brücken und Schleusen leben wir schon so lange, dass man sich wie in einem Entwicklungsland fühlt.

In allen gesellschaftlich relevanten Behörden fehlen Tausende von Mitarbeitern, In den Sicherheitsorganen passieren so massive Fehler (NSU, Amri), dass einem mulmig wird. Dass wir keine Flughäfen (BER), keine Straßen (A 20) und keine Bahnstrecken/Tunnel (Rheintaltrasse) rechtzeitig und solide bauen können, ist inzwischen weltweit bekannt. Die Basler Zeitung hat die BRD als Drittweltland tituliert und der Schweizer Regierung nahegelegt, Deutschland Entwicklungshilfe anzubieten (siehe Anlage Basler Zeitung vom 18.08.2017). Sie sollten auf dieses Angebot eingehen, Frau Bundeskanzlerin!

Altersarmut, Kinderarmut, Pflegenotstand und massiver Wohnungsmangel sind weitere Themen, die unter den Nägeln brennen, wenn schon nicht den Regierenden, so doch uns. Dass wir in der Bildung nur Mittelmaß und bei der Digitalisierung sogar Schlusslicht sind, macht zudem richtig zornig. Klimaziele: verfehlt. Über allem schwebt nun dauerhaft die Flüchtlingskrise. Ein 1-Personen-Stück, Inszenierung Frau Dr. Merkel.

Sie, Frau Merkel, die als „mächtigste Frau der Welt" tituliert werden, haben zuhause das Land in kleinstaatlicher Manier in ein unerträgliches Mittelmaß hinein regiert. Sie mögen sagen, ich war es nicht, die Länder sind es gewesen. 2006 jedoch haben Sie die Überlassung wichtiger Kompetenzen an die Länder – gegen die Warnung vieler Kritiker – als „historische Reform" gefeiert!

Sie haben einen Wahlkampf geführt, der die wesentlichen Lebenswirklichkeiten weitgehend ausgeblendet hat. Mich wundert übrigens nicht, dass so viele die AFD gewählt haben (ich hatte mit mehr gerechnet), mich erstaunt eher, dass noch so viele die CDU gewählt haben.

Auch CDU-Gewohnheits-Wähler haben eine Schmerzgrenze. Sie verhalten sich zwar z.T. ähnlich wie Fans eines Fußballclubs: egal wie schlecht ihre Mannschaft spielt, man bleibt ihr treu. Es hat sich jetzt aber gezeigt, dass 1 Mill. Mutti-Fans frustriert zu einem „alternativen Club" gewechselt sind.

Wir brauchen endlich visionäre Pläne für unsere Zukunft, denn noch einmal 4 Jahre lähmenden Stillstand und Reformstau wird dieses Land nur schwer verkraften.

Aber, Frau Bundeskanzlerin, Sie können natürlich auch die nächsten Jahre weiter aussitzen bis wir offiziell den Status als Entwicklungsland anerkannt bekommen und Entwicklungshilfe fließt. Dann kämen die Menschen aus Afrika, Irak und Syrien nicht mehr als Flüchtlinge sondern als Entwicklungshelfer zu uns!

Noch eins: ich habe in meiner Umgebung – u.a. auch CDU-Wähler - gefragt: was von Angela Merkel bliebe, wenn sie morgen nicht mehr wäre? Reaktionen: Überraschung, Ratlosigkeit, Zögern. Am Ende haben durchweg alle lediglich die Flüchtlingskrise anführen können!

Man sollte vielleicht alle 4 Jahre die Wähler einen Evaluationsbogen ausfüllen und einreichen lassen. (Das ließe sich digital durchführen mit Fachberatern aus Estland!). Die Auswertungen würden evtl. Fehleinschätzungen vermindern und die unsäglichen Auftritte der Politiker in den Talkshows hoffentlich überflüssig machen. Das wäre außerdem direkte Demokratie.

Mit bemüht freundlichen Grüßen

Anneliese Fischer-Husemeyer

P.S. Und bitte, meine Damen und Herren Pressereferenten, legen Sie diesen Brief doch bitte der Bundeskanzlerin vor, damit sie später nicht sagen kann, sie hätte von all dem nichts gewusst, denn im Wahlkampf konnte man diesen Eindruck haben!

Anlage: Basler Zeitung, Drittweltland Deutschland, 18.08.2017

Basler Zeitung

Drittweltland Deutschland

Nach dem peinlichen Scheitern deutscher Tunnelbauer muss sich Schweiz überlegen, ihr Entwicklungshilfebudget aufzustocken, um dringend benötigte Ingenieure zum Einsatz bringen zu können. Ein Kommentar.

Beni Gafner Bern 18.08.2017

Die grosssprecherische Politik Deutschlands, die gerne mal Vorgaben für Drittweltländer und andere beinhaltet, sie verdient in Anbetracht des Chaos im Güterverkehr nur Hohn und Spott. Es ist diese grossspurige Politik, die anderen gerne vorgibt, wie erfolgreiche Klima-, Wirtschafts- oder Sicherheitspolitik auszusehen hat. Man braucht sich dafür gar nicht erst Peitschen-Peers siebter Kavallerie im Fort Yuma zu erinnern, «von der die Indianer nur wissen müssen, dass es sie gibt». Der frühere Finanzminister meinte damit die Schweizer.

Es ist genau dieselbe Politik, die es zulässt, zwei von drei europäischen Nord- Süd-Achsen zwecks Sanierung zu schliessen, während die dritte in offensichtlich dilettantischer Weise untertunnelt wird. Der Warenverkehr in weiten Teilen Europas liegt deswegen darnieder. Ins Bild passt, dass sich in Deutschland derzeit für keinen Politiker so etwas wie eine Verantwortlichkeitsfrage stellt. Wer für die Schäden bei Dienstleistern und Privatindustrie aufkommt, bleibt damit unklar.

Die Schweiz täte gut daran, Deutschland künftig als Drittweltstaat einzustufen, insbesondere, wenn es dort um Infrastruktur- und Verkehrspolitik geht. Die Schweiz muss sich deshalb überlegen, ihr Entwicklungshilfebudget aufzustocken, um so im Krisengebiet vor Ort dringend benötigte Planer und Ingenieure zum Einsatz bringen zu können. Nach Deutschland reisen könnten gleich auch ein paar Juristen, die in Berlin die Bedeutung von Unterschriften erklären. Deutschland hat sich 1996 per Staatsvertrag verpflichtet, seinen Neat-Zubringer auf eigenem Territorium fertigzustellen. Rechtzeitig. Der Termin ist verstrichen, ein neuer ist nicht in Sicht.

Erstellt: 18.08.2017, 20:59 Uhr

Online Ausgabe der Basler Zeitung. Abgerufen: 15.10.2017, 15:14 Uhr

https://bazonline.ch/schweiz/standard/drittweltland-deutschland/story/17089785

Anhang

SPIEGEL-Verlag
- Leserservice -
Brandswiete 19
20457 Hamburg

Berlin, 30.09.2003

Leserbrief zum Spiegel Titel „Warum es sich immer wenige lohnt zu arbeiten und zu investieren"
Ausgabe Nr. 39, 22.09.2003

Ich bin dem Spiegel höchst dankbar für diesen Artikel und ich möchte es jetzt mal ganz deutlich sagen dürfen: es reicht, mir reichts, allen reichts.

Das Wort „Reform" mag niemand mehr hören, der die Kosten dafür voll und ganz allein tragen soll, und das sind - weil wir uns nicht dagegen wehren können - mal wieder die Pflichtversicherten.

Ich empfinde inzwischen diese Versicherungsform als einen „Zwang, gegen den ich mich nicht wehren kann". Diese Gesetze waren sicher mal gedacht als eine Grundsicherung für Krankheit und Alter für eine breite Bevölkerungsschicht - und das war ja auch gut so.

Inzwischen sieht es allerdings so aus, dass wir „Zwangsversicherten" für fast alle Kosten aufkommen sollen und die sogenannte Umverteilung nur noch ein Witz ist, bzw. ein Flugzeugspiel, und die sind verboten. Umverteilt wird von untern nach oben, und belastet werden die, von denen am wenigsten Widerstand zu erwarten ist, da sie keine wirkliche Lobby haben.

Es kann sich doch nicht die ganze Bevölkerung zu Beamten, Selbstständigen oder Industriellen mutieren um insgesamt weniger Steuern und keine Sozialabgaben zahlen zu müssen? Wenn ja, wo sollen dann die Dummen herkommen, die die Sozialsysteme finanzieren? Ach ja, vielleicht ist ja auch deshalb unser Schulsystem inzwischen so schlecht, damit unsere Kids nicht durchblicken, was da auf sie zukommt: wählen, arbeiten (wenn sie denn eine Lehrstelle bekommen) und zahlen!

Also:

- Wann wird endlich das gesamte Steuer- und Rentensystem grundlegend und vor allem sozial gerecht reformiert und vereinfacht?

- Wann endlich wird das gesamte Bildungssystem und die Ausbildung von Jugendlichen wieder ernstgenommen, die ja unsere Zukunft darstellen?

- Wann endlich wird unsere Gesetzgebung reformiert?

- Wann hören die Parteien endlich mit dem kriminellen Luxus auf, sich gegenseitig zu behindern auf Kosten der Zukunft unseres Staates?

- Wo gibt es die Politiker, die sich verantwortlich fühlen für das, was sie machen und warum schauen sie nicht mal über den Tellerrand um zu sehen, was möglich ist? Und warum werden sie nicht nach Leistung bezahlt sondern können Pensionen ansammeln, für die ein „Zwangsversicherter" über 400 Jahre arbeiten müsste.

Nochmal: es reicht uns bis zur Unterkante Unterlippe!!!

Mit freundlichen Grüßen

A. Fischer-Husemeyer

The White House
Präsident Obama
1600 Pensylvania Avenue NW
Washington, DC 20500
USA

Sehr geehrter Herr Präsident Obama,

vor einigen Jahren war ich eine der 200 Tausend Menschen in Berlin , die Sie auf der Str. des 17. Juni und am Großen Stern begeistert empfangen und gehört haben.

Wir hatten sehr viel Hoffnung und haben Ihnen, uns und der Welt gewünscht, dass die Ära Busch vorbei gehen und Sie der neue Präsident der USA werden mögen. Und Sie sind es geworden, das war ein Gefühl von Aufbruchstimmung, auch bei uns hier.

Jetzt, am Anfang des Jahres 2012, fühle mich ich sehr enttäuscht. Es geht um den Iran. Lernen die Regierenden denn nie aus den vielen Fehlern: Vietnam, Irak und immer noch in Afghanistan.....?

Das sind doch jetzt wieder die Sandkastenspiele von mächtigen Männern: Der eine hat eine Atombombe, dann baue ich jetzt auch eine.

Sanktionen, Embargos, wozu soll das gut, sein? Am Ende leiden die Menschen, die vielleicht eine andere Gesellschaft möchten, am meisten darunter. Und das Öl wird sowie von China gekauft werden.

Auch habe ich gehört, dass Amerika eine spezielle Bombe baut, womit man die Bunker im Iran, in denen - angeblich - Atombomben entwickelt werden, bombardieren kann.

Am Ende aller Gespräche und aller Verhandlungen: immer Krieg?

Hört das denn nie auf?

Sie haben den FRIEDENSNOBELPREIS bekommen, Sie sollten sich ab und an daran erinnern.

Ich wünsche Ihnen und uns Frieden.

Mit lieben Grüßen an Ihre Frau

Anna Fischer-Husemeyer

An
Herrn
Stéphane Hessel

Berlin, 22. Januar 2013

„An die Empörten...."

Sehr verehrter Herr Hessel,

ich kenne Ihre Schriften noch nicht lange, aber umso mehr habe ich mich gefreut festzustellen, dass es jemanden gibt, der seit vielen Jahren überaus engagiert die Probleme der fortschreitenden Globalisierung mit all ihren negativen Konsequenzen für die Gesellschaften einerseits und die Ignoranz, die Handlungsdefizite und die Reformresistenz der politischen Klassen andererseits anspricht.

Ich würde mich als eine der Empörten bezeichnen, da ich schon seit 1997 den sogenannten „Volksvertretern", die immer weniger ihren politischen Auftrag erfüllen und das sogenannte „Volk" kaum noch vertreten, ganz direkt, persönlich und sehr kritisch schreibe. Selten habe ich eine Antwort bekommen, nur manchmal, wenn ich den Grund meiner Schreiben nenne: dass unsere Kinder und Enkel uns fragen werden, warum wir ihnen diese Welt in diesem Zustand hinterlassen haben.

Noch ist es ein demokratisches Recht, dass ich kritische Briefe schreiben darf. Aber wenn die eine und immer größer werdende Schere der Gesellschaft immer weniger zum Leben und keine Lobby hat, dann werden die Regierungen irgendwann anfangen, sie zu kontrollieren, natürlich um die andere Hälfte der Schere zu schützen. Das wäre dann das Ende von Demokratie.

Ich würde gerne meine ganzen Briefe herausgeben. Vielleicht könnten Sie mir einen Rat geben, wie sich so etwas machen ließe, wenn es denn überhaupt realistisch wäre.

Es wäre mir eine große Freude, von Ihnen zu hören und verbleibe mit vielen guten Wünschen*

Anna Fischer-Husemeyer

---

* Der Brief wurde von seinem deutschen Verlag, dem Aufbau Verlag in Berlin, an Stéphane Hessel weitergeleitet. Stéphane Hessel konnte mir leider nicht mehr antworten. Er starb am 27. Februar 2013 in Paris.

Lieselotte Sauer,[*]
Straße der Zukunft 84,
10414 Berlin

Berlin, 9. Mai 2014

Sehr geehrte Frau Bundeskanzlerin,

es ist schön, dass wir Sie wieder mal auf vielen Plakaten sehen dürfen. Aber heißt das, dass Sie nach der Europawahl nach Brüssel gehen werden? Verstehen könnte ich es ja: Brüssel ist eine schöne Stadt - im Gegensatz zu Berlin, wo keine Baustelle mehr fertig wird. Außerdem müssten Sie nicht mehr von einem Gipfel zum andern reisen, das ist ja weder ökologisch noch gesundheitlich langfristig gut.

Aber es wäre doch schade, wenn Sie nach Brüssel gehen würden. Wir leben doch in einem wunderbaren Land, in dem die Menschen sich auf den politisch gewollten Stillstand verlassen können, deswegen sind Sie ja so überaus beliebt.

Neulich habe ich zufällig eine Reportage über Dänemark gesehen. Können Sie sich vorstellen, dass in diesem Land 80 % der Frauen arbeiten, da es dort Ganztagskitas und Ganztagsschulen gibt? Da haben es die Frauen hier doch viel besser, sie bekommen noch Geld dafür, dass sie ihr Kind daheim vor dem Fernseher betreuen.

Noch dazu müssen alle Menschen in diesem schrecklichen Land Dänemark die Landesprache lernen, damit sie eine Zukunft haben. Auch in diesem Fall geht es den Menschen hier doch viel besser: sie müssen noch nicht einmal die Schule abschließen und bekommen doch als „Entschädigung" mehr als Menschen, die 40 Stunden arbeiten. Wer wollte etwas daran ändern wollen?

---

[*] Ich weiß, dass es als unpassend empfunden werden kann, wenn man Briefe unter Pseudonym schreibt. Dass es mir nicht darauf ankam, meine Identität zu verbergen, zeigen meine anderen Briefe zur Genüge. Für mich waren in diesen beiden Fällen falscher Name und falscher Absender Teil der ironisch-sarkastischen Form, die die Briefe haben sollten.

Und dann müssen die „armen" Dänen auch noch mehr Steuern zahlen als alle anderen europäischen Mitbürger. Und trotzdem sind sie die glücklichsten Menschen – laut Statistik – auf der Welt. Frage. Was machen die Dänen falsch?

Also, liebe Frau Merkel, bleiben Sie im Lande und verändern Sie nichts, das entspricht Ihrem klassischen Wählerpotenzial. Die Unzufriedenen können ja „rübergehen", wie man mal zu einer gewissen Zeit gesagt hat. Dänemark wäre eine Option!

Außerdem haben Sie ja jetzt einen hervorragenden Energiewendeverräter und Viesekanzler an Ihrer Seite. Was soll da noch gut gehen? Fragen Sie Ihn doch mal bei Gelegenheit, bei welchem Unternehmen in der Energiewirtschaft er zukünftig im Aufsichtsrat tätig sein wird.

Mit freundlichen Grüßen

A. Fischer-Husemeyer

Gerlinde von Pritzwalk,
Alle der Begünstigten 33,
10389 Berlin

Berlin, 18. Mai 2014

Sehr geehrte Frau Nahles,

das war ja eine tolle Rede, die Sie da neulich gehalten haben, um Ihre Rentenpläne zu verteidigen. Aber Sie haben ja auch Recht, wenn Sie gegen die ganzen Nörgler wettern, die Ihre guten Ideen immer schlecht machen wollen. Das sind ja letztlich nur studierte Fachleute, die sich lange mit der Thematik beschäftigt haben und immer den Fehler machen, Konsequenzen für die Zukunft der Kinder und Enkel zu sehen. Wer will das schon hören? Nein, da machen Sie das viel besser, Sie denken an die Partei, die Wähler und natürlich an den Vertrag , den Sie mit Ihren neuen Freunden geschlossen haben. Wer wollte Ihnen das verdenken.

Wieso sollten wir uns auch um die Zukunft der Kinder und Enkel kümmern, uns geht es doch ausgezeichnet. Also mein Mann Egon ist Unternehmer, und er bezahlt dank ausgezeichneter Steuerberater fast keine Steuern: wir machen unsere Gewinne im Ausland und können unsere Verluste in Deutschland voll abschreiben. Das ist wie im Schlaraffenland und ganz legal. Ist das nicht toll? Und nebenbei gesagt, gibt es ja immer noch Möglichkeiten, sein Geld steuerfrei anzulegen. Das hat Herr Schröder wirklich gut gemacht, den Bankensektor zu liberalisieren. Davon haben wir sehr profitiert.

Wissen Sie, ich habe ja auch gearbeitet und bekomme jetzt als ehemalige Beamtin eine wirklich gute Pension. Und jetzt werde ich auch noch von der Mütterrente profitieren. Diese wenigen Euro brauche ich wirklich nicht, und ich fände es besser, wenn die Frauen mit einer ganz winzigen Rente mehr bekämen. Aber das wäre wahrscheinlich von der Politik zu viel verlangt. das ausgleichend zu verteilen Also werde ich demnächst meiner Putzfrau ein wenig Geld zustecken, sie ist nämlich eine alleinerziehende Mutter mit zwei Kindern und ist wirklich arm, da sie keine Stelle findet, weil die Infrastrukturen bei uns erbärmlich sind.Unserem Sohn Hermann geht es auch nicht so gut, da er trotz guter Ausbildung - natürlich in Privatschulen – keine Stelle bekommt. Aber er ist ja unser Erbe und die Erbschaftssteuer ist ja in Deutschland eher lächerlich.

Aber, liebe Frau Nahles, was kümmern uns die Menschen in diesem Land, die es nicht geschafft haben. Sie wissen, was ich meine: Sie sind Beamtin, ich war Beamtin. Also können Sie doch für Ihre Pläne die Rentenkasse plündern, wir Beamten werden nie darunter leiden. Und außerdem sollte man das Brot verteilen solange es noch warm ist. Wenn es kein Brot mehr gibt und alle Kassen leer sind: sollen sie doch Kuchen essen!

Also weiter so Frau Nahles, es ist schön, dass die SPD sich so um uns kümmert.

Mit freundlichen Grüßen

A. Fischer-Husemeyer

Nachlese

Nach der Bundestagswahl im September 2017 begann eine Reality Show, genannt „Sondierungsgespräche". Die Protagonisten tummelten sich wochenlang in allen Talkshows und stritten sich vor laufender Kamera darum, wer neben wem auf dem Flug nach Jamaika sitzen und was er in seinem Gepäck mitnehmen darf.

In den Medien wurde zwei Monate lang in der Manier von „Hofberichterstattung" über die Inhalte der Koffer spekuliert und was am Ende im Schrank hängen würde. Es gab wohl kaum ein Mikrophon, das nicht von den Beteiligten der Jamaika-Reisetruppe angesteuert wurde.

Dann plötzlich, ganz am Ende der Show – sozusagen als Paukenschlag - verlässt einer aus der Truppe mit seinem Koffer das Camp. Die Reise nach Jamaika wurde vorerst storniert, Schuldzuweisungen gingen hin und her.

Interessant ist, dass direkt nach der Wahl und vor der Sondierungsshow mehr als die Hälfte der Wähler sich eine schwarz-gelb-grüne Regierung vorstellen konnten. Es wird wohl niemanden wundern, dass sich das nach Ende der „Show" geändert hat.

Inzwischen ist die SPD wieder im Ring, die sich nach der Wahl ganz entschieden für die Oppositionsbank entschieden hatte; und von dort aus sollte die Regierung ordentlich „auf die Fresse" kriegen (Andrea Nahles). Nur drei Monate später wirft die Fraktionsvorsitzende Nahles ihren Genossen vor, sie seien zu faul zu regieren. Wie sollte man seinen Kindern erklären, so einer Person die Gestaltung der Zukunft des Landes anzuvertrauen?

Überhaupt Vertrauen.

Der Bundespräsident Frank-Walter Steinmeier warb in seiner Weihnachtsansprache um Vertrauen in die Bildung einer stabilen Regierung. Das Theater, das uns da als „Live Stream" vorgeführt wurde, hat das Vertrauen eher weiter erschüttert. Er warb auch darum, mit Zuversicht in die Zukunft zu schauen. Weiß dieser Mann, wovon er spricht? In 10 bis 20 Jahren werden wir ein Heer von armen Rentnern haben, die nicht einmal ihre Miete zahlen können, und ein Herr Steinmeier war an dieser Entwicklung aktiv mit beteiligt.

Und dass er private Initiativen lobt in Gegenden, aus denen sich der Staat zurückgezogen hat, grenzt an Hohn.

Warum spricht er nicht mal die Unternehmen an, die sehr ambitioniert Steuervermeidung betreiben und kaum zum Gemeinwesen beitragen?

Die Bundeskanzlerin warb in Ihrer Neujahrsrede um Zusammenhalt.

Wen meint sie damit? Die Politik der Regierungen der letzten ca. 20 Jahre, an denen alle Parteien in unterschiedlichen Konstellationen beteiligt waren, haben ganz stark dazu beigetragen, dass das Land gespalten ist. Die eine Hälfte weiß nicht, wie sie über die Runden kommen soll, wie lange sie sich noch gegen Immobilienhaie wehren und in ihrer Wohnung bleiben können. Eine Lobby haben sie nicht. Ein anderer Teil gehört zu den Suchenden: wo können wir unser Geld gewinnbringend und ungestört parken?

Deutschland, das ist wie eine ungeheuer glitzernde Fassade, und unsere Verantwortungsträger werben gerne dafür, nur diese Seite zu sehen. Die Risse und das Bröckeln hinter der Fassade werden ignoriert. Die Wirtschaft brummt, die Börsen steigen immer höher und im Fernsehen läuft eine Soap nach der anderen. Also alles ok!?

Es ist sicher nicht einfach, verloren gegangenes Vertrauen wieder zu gewinnen. Mit Balkonreden wird man das nicht schaffen.

Nur eine Politik, die es schafft, auch denen ein menschenwürdiges Leben mit Teilhabe am gesellschaftlichen Leben zu ermöglichen, die jetzt noch ihren Bedarf bei der Tafel ergänzen müssen, kann Vertrauen generieren.

Anna Fischer-Husemeyer

Berlin im Januar 2018

Stichwortverzeichnis